先进制造业与现代服务业
融合发展研究

王高翔　著

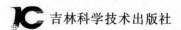

吉林科学技术出版社

图书在版编目(CIP)数据

先进制造业与现代服务业融合发展研究 / 王高翔著
. —— 长春：吉林科学技术出版社，2023.3
ISBN 978-7-5744-0252-2

Ⅰ．①先… Ⅱ．①王… Ⅲ．①制造工业－关系－服务
业－产业融合－研究－世界 Ⅳ．①F416.4

中国国家版本馆 CIP 数据核字(2023)第 063908 号

先进制造业与现代服务业融合发展研究

著	王高翔	
出 版 人	宛　霞	
责任编辑	高千卉	
封面设计	聚华文化	
制　版	济南越凡印务有限公司	
幅面尺寸	170mm×240mm	
开　本	16	
字　数	114 千字	
印　张	6.75	
印　数	1–1500 册	
版　次	2023年3月第1版	
印　次	2024年2月第1次印刷	

出　版　吉林科学技术出版社
发　行　吉林科学技术出版社
地　址　长春市福祉大路5788号
邮　编　130118
发行部电话/传真　0431-81629529 81629530 81629531
　　　　　　　　　81629532 81629533 81629534
储运部电话　0431-86059116
编辑部电话　0431-81629518
印　刷　三河市嵩川印刷有限公司

书　号　ISBN 978-7-5744-0252-2
定　价　52.00元

前　言

　　制造业是实体经济的基础,是国民经济的重要支柱,在稳定经济增长、扩大就业、繁荣市场、促进创新方面发挥着极其重要的作用。近年来,随着网络信息和数字技术的广泛应用,产业之间界限逐渐打破,各种新业态新模式不断涌现。作为具有"变革式"的产业新形态,产业融合正以前所未有的速度改变着产业间的生产方式,在促进产业结构优化升级、带动相关产业技术创新、降低产业成本、带动产业发展及刺激经济增长等方面发挥着重要作用。制造业与服务业融合正是近年来在数字技术革命、产业变革和消费升级条件下,企业之间通过创新合作、深化业务关联、产业链条延伸、技术渗透等途径,两业耦合共生的新业态、新模式和新路径。服务业通过服务于制造业,为制造业提供优势中间投入资源和赋能,可以起到推动制造业创新发展、提升附加值和国际竞争力的作用。而承载着制造业与服务业未来发展方向的先进制造业与现代服务业融合发展,正逐渐成为破解传统制造业与服务业发展困境的新途径。近年来,我国两业融合步伐不断加快,但也面临发展不平衡、协同性不强、深度不够和政策环境、体制机制存在制约等问题。

　　当前,我国正处在产业调整、融合战略变革和经济发展步入新常态的历史节点,先进制造业与现代服务业深度融合对实现我国经济高质量发展具有重要意义。2018年中央经济工作会议明确提出,将推动先进制造业和现代服务业深度融合、坚定不移建设制造强国作为推动制造业高质量发展的重点工作任务之一;2019年中央经济工作会议再次明确提出,推动制造业高质量发展,推进先进制造业与现代服务业深度融合,促进形成强大国内市场,提升国民经济整体性水平。国家"十四五"规划也明确提出,推动现代服务业同先进制造业、现代农业深度融合,加快推进服务业数字化。在此背景下,研究我国现代服务业与先进制造业协同发展,对于促进我国产业结构优化升级、提升经济发展质量具有重大意义。

　　本书围绕"先进制造业与现代服务业融合发展"这一论题展开了探索性的理论分析与实证分析。在理论研究层面,清晰界定了先进制造业、现代服务业、先进制造业与现代服务业融合的内涵,探析了相关研究及理论基础。在实证研究层面,以投入产出法为模型测算了美国、中国、德国、日本、韩国、印度尼西亚制造业与服务业的融合程度。在案例研究层面,围绕装备制造、轻工、医疗器械、服装等领域,剖析了不同行业在推动两业融合过程中面临的问题和具体的发展路径。尽管本书竭力在理论与实证分析层面进行了探索性研究,但仍有许多不成熟之处有待进一步完善,恳求各位专家学者批评指正,更企盼本书的出版能为推动国内学术界对先进制造业与现代服务业融合发展相关论题的深入研究起到抛砖引玉的作用。

目 录

第一章 绪论

（一）先进制造业与现代服务业的内涵

1.先进制造业的内涵

从产业发展目标及趋势的角度看,先进制造业是指"拥有显著的更高增加值和先进生产率、体现未来发展方向的制造业"。2011 年 6 月,美国总统科技顾问委员会报告《确保美国在先进制造业中的领导地位》中提出的界定是:"先进制造是利用创新技术革新现有产品和创造新产品,包括依赖于信息、自动化、计算、软件、传感和网络的生产活动,或利用物理、化学或生物科学等实现的尖端材料和新兴制造能力。先进制造既涉及制造现有产品的新方法,也涉及利用新的先进技术产生新产品的制造。"先进制造与高技术制造、高端制造等既联系又区别。高技术制造侧重于制造的技术属性,高端制造侧重于制造的商业价值和竞争力属性,而先进制造业从当前制造的高端水平出发,代表着未来的发展方向。

先进制造业的核心特征是先进技术的赋能,即先进制造业的核心是信息、生物、自动化、新材料、新能源等先进科学技术驱动、支撑与赋能的制造业新方向、新业态。例如,体现技术赋能的智能制造就是其中一个重要方向。除了先进技术(特别是制造技术)的影响外,还有先进的组织管理方式、新型商业模式等的影响。如云制造作为一种制造模式,不仅体现出先进技术的影响,还带来新的组织方式和商业模式。

先进制造业涉及各类先进制造技术工艺、先进设备、先进制造管理及商业模式等研发、生产与经营。从服务对象的角度看,先进制造业可分为 2B(面向企业)、2C(面向消费者)的制造业,其中 2B 即产出为生产资料的先进制造业更具有战略性。从行业统计看,在国家统计局《新产业新业态新商业模式统计分类(2018)》中,先进制造业包括新一代信息技术设备制造、高端装备制造、先进钢铁材料制造、先进有色金属材料制造、先进石化化工新材料制造、先进无机非金属材料制造、高性能纤维及制品和复合材料制造、前沿新材料制造、生物产品制造、生物质燃料制造、生物制造相关设备制造、新能源汽车及相关设备制造、新能源设备制造、节能环保设备和产品制造等 14 个细分领域。涉及高端设备制造、新材料制造、生物制造、新能源制造、环保制造等制造和工艺。这些制造领域主要体现了先进制造技术的特征。我们梳理分析了各方对先进制造技术或产业的关注领域,认为先进制造业应包括三大领域:先进制造技术、工具和工艺研发,先进制造关键产品的研发、生产和应用,以及先进制造管理能力和商业模式的开发与运营。

2.现代服务业的内涵

现代服务业是为了提高生产效率和人们的生活质量而发展起来的,具有较高技术特征和价值增值特征的服务业。现代服务业是相对于传统服务业而言的,代表着未来的发展方向。与现代服务业相近的概念还有高技术服务业、高端服务业等。高技术服务业强调了服务业发展到新阶段的技术驱动力,高端服务业强调了服务业的价值增值特征,而现代服务业的涵盖范围更广些,更加重视新时期服务业生产方式的升级换代这一本质性特征。

现代服务业发展关键特征也是以先进技术和知识特别是先进通用技术系统的应用及其引致的模式创新为核心驱动。现代服务业的本质是知识密集型的产业形态,其中信息通信技术、机器装备、高技术产品(如药品)和现代管理科学等发挥了重要作用。现代服务业可看作是传统服务业的改造和升级,有学者称之为服务业制造化的趋势。在先进技术和管理科学的支持下,现代服务业体现出价值增值、创新高效、绿色环保、增进普惠等特征。在现代服务业中,一些对于国民生产生活和国际竞争具有战略性的服务业是我们更为关注的部分。

现代服务业涉及通用技术与专业服务、现代生产性服务、现代生活性服务、基础设施服务及现代公共管理服务。从性质和服务对象看,现代服务业包括生产性服务业、生活性服务业和公共服务业,即分为 2B(面向企业)、2C(面向消费者)、2A(面向所有公众)三类。从产业统计看,在国家统计局《新产业新业态新商业模式统计分类(2018)》中,涉及互联网与现代信息技术服务、现代技术服务与创新创业服务、现代生产性服务活动、新型生活性服务活动、现代综合管理活动等现代服务业。这五类现代服务业的鲜明特征是基于现代自然科学技术(如互联网与现代信息技术服务)或现代管理科学(如现代综合管理活动)。本文对现代服务业产业体系进行了系统梳理,在生产、生活、公共服务基础上,还新提出并关注到通用技术与专业服务、基础设施服务等两类现代服务业。在这五类服务中,通用技术与专业服务、现代生产性服务、基础设施服务是当前国民经济发展较为重要的三大部分。

3.先进制造业与现代服务业融合的内涵

(1)先进制造业与现代服务业的关系

从静态的角度看,两者之间的相互联系和依赖更为明显。一方面,现代服务业可为制造业提供专业、先进的市场分析/产品规划、研发设计、物流商贸、售后服务等生产服务,现代服务业成为先进制造业体系中的价值中枢。例如在智能制造领域,工业互联网平台、工业电子商务网络、工业设计及研发系统的构建和运营已显得至关重要。另一方面,先进制造业可为服务业提供更加先进的仪器设备、研发和运营技术、软硬件设施等,先进制造业所生产的先进设备、软硬件设施等已成为现代服务业供给体系的核心要素,例如在现代物流和交通运输业中,先进的车辆、调度系统和交通仓储等基础设施已成为核心的生产工具。从我国 2012 年投入产出表可以看出,制造业的服务业投入平均超过 40%,服务业的制造业投入平均超过 70%。而在 2002 年,制造业的服务业投入仅约12%,服务业的制造业投入仅近 24%。在这 10 年间,制造业和服务业的彼此依赖程度已超过 2 倍。

从动态的角度看,两者之间的相互结合或融合进一步加强,两者之间的界限更为模糊。制造业和服务业的结合或融合是从技术、产品、企业、产业等多个层面进行的,有的是简单结合,有的是深度融合。其中,简单结合是外部的、不紧密的、可分的连接,可看作是物理反应,比如一个企业跨越制造业和服务业的投资并购,但未形成业务整合;而深度融合可看作是发生了一定的化学反应、密不可分,从企业或产业的层次看,是内在的、有机的、有一定一体化程度的融合,是质的变化、产生了新事物。例如,制造业和服务业深度融合产生的新业态,如生产性服务、服务型制造以及基于制造能力的基础设施服务,以及一些新领域、新模式、新业态(如数字经济、分享经济、创意经济、生物经济、循环经济、绿色经济、智能经济等),是制造和服务深度融合的结果或成果。这些新业态既有制造业态,也有服务业态或融合业态。本报告将重点研究制造业与服务业跨越边界的、产生一定化学反应的深度融合,及其产生的新经济形态。

(2)先进制造业和现代服务业的共同特征

"先进"和"现代"都是宏观的、相对的、历史的概念。"先进"和"现代"是类似的表意,既表明了这些产业在动态意义上的前沿性,又表明静态意义上的先进性。现代科学技术的不断发展拓展了生产、产品和服务的可能性边界,这是一个持续不断的过程。在不同的时期,制造业和服务业的变革性技术、组织方式、商业模式有着很大的不同,先进制造业、现代服务业是相对于当前阶段传统的、低端的制造业和服务业而言。在19世纪中叶到20世纪中叶,在全球产业发展中起到最重要作用的技术是机械、化工和电力等。而二十世纪六七十年代以来,起到更关键作用的是信息、生物、新材料和新能源技术。这些新技术不仅作用于制造业,还深刻地改变着服务业,比如生物医药技术的进步对于医疗卫生服务的提升带来了巨大促进作用。

因此,先进制造业和现代服务业代表着产业升级和产业变革的重要方向。其核心的驱动力是效率的竞争和价值的需求,其核心特征是技术先进性和经济上的高附加值,其最重要的能力源泉是先进的科学技术和管理理念。

(3)制造业与服务业的边界及融合的实质

制造与服务是经济活动中的两种典型形式或两类价值载体,制造业与服务业作为产业的界定则是以这两类生产环节、活动形式或价值载体为主的经济活动或生产过程。

制造业与服务业(即制造与服务)的区分可从表象和实质不同层次、多个维度或视角进行区分。(表1—1)第一种维度,从价值载体的角度看,是价值载体的形态——即有形产品和无形服务的区分。第二种维度,从价值提供方式的角度看,是一次性和持续性价值的区分。第三种维度,从劳动价值论或价值增值的角度看,当制造出的产品或提供的服务在下一轮生产中,往往体现为物化劳动(往往体现出批量的载体)、活劳动在价值形成中的不同作用。第四种维度,从生产技术的角度看,是偏重在自然科学技术和偏重在社会科学的区分(但两类企业中管理科学的运用都很重要)。可以看出,前两种是分类的表象,后两种是分类的实质。对于制造业与服务业、先进制造业与现代服务业的区分需综合考虑以上四个维度,特别是生产技术和价值增值的维度。在生产生活实践中,制造和服务可看作是经济活动的两类环节,二者之间有着天然、紧密的联系。因而两者往往是结合在一起发展的,其边界是相对的、有时也是模糊的。如制造业包含着服务环节,服务业基于制造业制造的产品和装备。在有的新兴产业特别是通用目的技术(GPT)产业中,这种联系更为紧密,如信息通信领域具有明显的制造或服务双重特征或融合特征,在统计上既有制造业,又有服务业,两个部分又密不可分,常作为一类产业进行整体讨论。在本文中,信息通信产业在先进制造业和现代服务业的分析中都不可或缺。

表 1—1　制造业和服务业的区别

层次	维度	制造业	服务业
表象	价值载体	有形产品	无形服务
	价值提供方式	一次性或离散性价值	持续性价值
实质	劳动价值论	物化劳动	活劳动
	除管理外的生产经营技术	自然科学技术为主	社会科学技术为主

在探索区分制造业和服务业边界的维度之上,我们不难看出,先进制造业与现代服务业的融合实质上也是上述多个视角的融合。

一是两种价值载体的融合。先进制造业与现代服务业的深度融合,带来的是有价值产品和服务的综合提供,将进一步提供高增加值的服务。无论是先进制造业,还是现代服务业,未来产业将不仅仅提供单一的实物产品或商业服务,而是根据需求方或购买者的综合需要,提供最能满足最终用户需要的具有全方位价值的产品及服务。如,厂商在向用户提供高端技术设备的过程中,进一步提供更有附加值和竞争力的用户定制、应用服务、金融支持、售后服务等综合服务。

二是价值提供方式的融合。先进制造业与现代服务业的深度融合,在与用户的价值提供上,体现出来的是一次性的产品提供和持续的服务提供相结合。如,在传统商业模式下,汽车或 3C 产品销售后,对用户的服务仅限于有限的保修等服务;而在现代商业模式下,这些产品在不同场景下往往结合了相关的服务提供,如售前的适当定制、参与设计和众筹,售中的保险、贷款支持、品类选择,售后的在线内容和技术服务、产品升级和更新部件、回收,以及贯穿于全流程的用户需求画像和预测、客户支持等。在这些新的全方位服务的商业模式下,供给侧/生产者的价值实现度和需求侧/消费者的效用满足度得到了大幅度的提高,提升了经济效率和各方的竞争力和福利。

三是不同种类劳动的融合。在持续的、连接的、反复进行的衔接了制造和服务多环节的生产活动中,先进制造业更多是体现了物化了先进科学技术的物化劳动,成为生产资料(生产工具或生产对象),而现代服务业更多是体现了管理、运营、调度和分配这些物化劳动载体的活劳动,两者的高效结合、相互渗透、有机融合将会形成乘数效应,促进生产率的进一步提高。而在传统的生产活动中,生产制造与商业服务业的外部分工和结合未能充分发挥各产业内部的先进性和各产业之间的乘数作用。

四是两类科学技术的融合。从作为各产业基础的核心科学技术看,先进制造业的核心是先进的自然科学技术,而现代服务业的核心是现代的社会科学和管理技术。先进制造业与现代服务业的深度融合,实质上也是现代自然科学技术和社会科学及管理技术的紧密结合。这些科学技术的结合,可以是体现在一个产品的设计、开发、制造和提供过程中的某个环节,也可以是在多个环节和流程中;可以体现在一个工厂或企业内部,也可以体现在整个社会分工合作的过程中;可以是在流程中的结合,也可以是在同一个产品或服务上的深度融合。现代自然科学技术和社会科学及管理技术的紧密结合,是先进制造业与现代服务业深度融合的技术本质。

(4)制造业与服务业融合的典型方式

先进制造业与现代服务业深度融合,从外在表现或实现路径上看,是通过多种方式或途径来进行的。如果不考虑投资并购导致的隶属于同一企业集团的简单业务多元化,制造业与服务业的融合大体有嵌入、衍生、转化、合成、赋能等五种方式或途径。其中前两种可认为是初级融合的阶段,后三种可认为是深度融合的阶段;前四种是微观企业层面的融合,而最后一种是宏观经济层面的融合。

一是相互嵌入——价值载体的集成化。这是指产品伴随着相关服务一起卖,集成提供(如企业卖产品的同时卖售后服务、保险服务等)给企业客户或消费者。提供产品或服务的商业思维是不同的,对于从事实体经济的综合性企业集团,已越来越多地同时提供产品和服务。这些产品和服务有着关联性,但又不是密不可分地耦合在一起。这些产品和服务的供给者,有时最终是由一个大集团的不同子公司提供,有时是关联企业或合作企业提供的,但对于购买方或消费者来说,往往是结合在一起提供或消费的。世界知名的壳牌集团、通用电气、IBM等都是同时提供能源、装备、服务器等产品及相关的商业、运维、定制化解决方案等服务。

二是相互衍生——流程分工的专业化。一方面,在制造类企业的专业化发展过程中,从两个层次衍生出服务业务。一个层次是近端衍生。与制造环节相关度较高的生产性环节中,如在研发外包或信息技术服务外包、运维(如三一重工的服务化)等非核心制造环节产生了很多融合的典型实践。如表1中的"先进制造业服务",就可看作是先进制造业衍生出的服务。如宝钢在软件开发环节衍生出的宝信软件公司,和利时下属的北京和利时工业软件有限公司。另一个层次是远端衍生。一方面,在与制造环节相关度较弱的生产性环节中,如金融等的融合。如宝钢在钢铁制造业的发展中,将其财务融资、钢铁销售等环节的业务模块独立运作,形成了宝钢财务公司、欧冶钢铁网等专业服务公司。另一方面,在服务类企业的延伸发展过程中,也衍生出制造相关业务。比如,在宜家、沃尔玛、家乐福等大型商业零售企业的运营中,产生出定制制造特定品类产品的业务。

三是相互转化——供需网络的综合化。在这一阶段,制造和服务在商业活动中高度耦合、融合、密不可分,制造业和服务业的商业思维和经验向彼此渗透和借鉴,制造和服务理念的融合对整个企业的运营产生了深刻的乃至根本性的影响,最终形成了服务和产品紧密耦合的综合性供需关系。一是在企业的总体生产运营层面,出现了一些新动态。如制造企业向相关服务领域大力拓展(如上汽开展移动出行服务等重点业务），甚至整体向综合服务转型（如 IBM 的服务化转型），服务业企业提供融合进了生产过程和自身产品的上下游一体化服务。二是在产品和服务的设计层面，制造企业高度重视产品的服务化，如上海汽车等车企在汽车上提供远程的信息、娱乐等服务；服务企业高度重视以产品为核心、构建服务体系，如苹果、谷歌公司基于其硬件软件产品构建的综合服务体系。这时的制造和服务在商业活动中高度耦合，服务提供网络和商业关系相互依赖，在这一综合性业态和供应链中，既无法剥离产品，也难以剥离服务。三是在供给和需求的理念上，制造企业高度重视以产品为牵引的综合价值的提供，而服务企业高度重视服务的研发化、产品化、标准化（如蚂蚁金服金融服务智能化）。

四是相互合成——通用能力的平台化。先进制造业和现代服务业的各种新能力新要素新模式的深度融合的重要标志之一，就是产生了具有融合能力的可涵盖多个生产流通环节的新型平台。如工业互联网平台（如航天云网）、自动驾驶平台（如百度）、能源互联网平台（如国家电网下属全球能源互联网集团有限公司）。这些融合型的通用能力，可融合研发、制造、商业、服务等多个环节的能力。

五是相互赋能——基础产业的公共化。在制造和服务融合的更深层次，将会在整个宏观经济社会的层次形成相互支撑，并在生产生活实践中深度融合进各自的基础性价值和能力。制造业和服务业的相互赋能方式，包括公共性的制造（如机器人、智能产品和系统用于安防服务）对现代服务业发展的支撑，公共服务（如阿里云工业大脑）对先进制造业发展的支撑，以及公共性的"制造＋服务"对整个经济社会高质量发展的支撑等。

（5）先进制造业与现代服务业深度融合的效果

从产业发展的不同层次进行梳理后发现，先进制造业与现代服务业的深度融合有着不同层次的表现形式，涉及技术与业务流程的融合、业态的融合、平台的融合、产业链的融合、发展环境的结合（所需的要素和制度）等多个层次，产生了五方面的融合结果，并因此形成一个新的技术经济领域或体系。

一是技术与业务流程的深度融合——新技术和业务流程。先进制造业与现代服务业的深度融合，有可能形成新的融合技术领域，在企业中形成新的综合性业务流程。这些为产业发展提供了新基础、拓展了新空间,但也带来了新的竞争领域和挑战。例如,新一代信息服务技术与制造技术的融合,形成了智能制造等新技术领域,出现了按需设计、个性化服务等新的业务流程。这些新的融合型技术和业务流程,已成为产业发展的新活力、新引擎。

二是组织方式和业态的深度融合——新业态新模式。先进制造业与现代服务业的深度融合,有可能是在业务形态和全流程中的全面渗透融合,同时形成新的市场空间,在产业形态上体现为新兴融合型业态的涌现。例如,共享经济、基因检测、增材制造服务、分布式能源生产、智能客户服务/机器翻译、无人驾驶交通、循环经济等融合型创新业态的出现,就是得益于互联网、生物科技、新材料、制造技术、人工智能等科技和产品服务形态的融合。在这些新的融合型业态中,关键技术装备与服务缺一不可,共同成为新业态的有机组成部分。

三是平台和基础设施的深度融合——新基础设施。先进制造业与现代服务业(特别是信息技术服务业)的深度融合,产生了新的融合型平台及基础设施。如基于制造能力的"基础设施服务"可看作独立的新服务行业,包括具有行业属性的工业互联网平台、工业大数据平台、物联网平台、车联网基础设施、行业电子商务平台等,以及一些公共服务平台和基础设施(如行业网络、数据、算法、导航网络等)。这些基础设施和平台对于工业、交通及众多行业领域的新兴业务起到关键支撑作用,既融合了重要的制造业生产要素,又体现出明显的服务特征,是面向未来产业发展的融合型平台和基础设施。

四是产业链和价值链的深度融合——新产业链。先进制造业与现代服务业的深度融合,在更广泛的意义上,体现为产业链或产业生态的深度融合。在这些融合的新生态中,基础设施服务商、数据收集和处理商、技术和服务提供商、部件和产品制造商、行业应用服务商等紧密结合,制造与服务环节深度融合,形成了新的竞争生态。这样的融合生态,既有别于生产型、供给型的传统制造业生态,又区别于服务为主、较少依赖于先进制造技术的传统服务业生态。

五是制度和支撑环境的深度结合——新发展环境。先进制造业与现代服务业的深度融合,新业态、新产业链的出现,使得产业发展所需的要素和制度也出现融合化特征。一方面,制造与服务的融合,使得对于科技、人才等融合型要素需求的大量涌现,另一方面,对于政府对新兴融合业态的监管也提出了新要求,对涉及制造和服务的国际贸易和投资制度提出了新挑战。

(6)先进制造业与现代服务业深度融合的意义

从发展的视角看,制造与服务之间有着天然的联系,先进制造业与现代服务业的深度融合是产业高质量发展的必然途径。从战略的层面看,先进制造业与现代服务业深度融合是践行新时代中国特色社会主义发展理念、推动融合创新的重要领域。制造业和服务业的融合较早受到国家层面的重视。2007年国务院《关于加快发展服务业的若干意见》就提出,大力发展生产性服务业,促进现代制造业与服务业有机融合、互动发展。2018年底的中央经济工作会议更明确将"推动先进制造业和现代服务业深度融合"作为推动制造业高质量发展的一项重点工作。深入研究并推动两者的深度融合,对于我国建设现代产业体系具有重要的时代意义和现实意义。

第一,先进制造业与现代服务业深度融合是促进经济高质量发展、产业转型升级的重要途径。先进制造业与现代服务业深度融合,是适应新一轮科技革命与产业变革趋势,提升制造业与服务业竞争力,转变经济发展方式的应有之义。从产业自身发展的需要看,从产业回归价值,从产品到服务,以及企业的商业模式多元化,是产业发展的客观需求和必然规律。先进制造业与现代服务业深度融合,将有助于推动科技产业创新,在新的产业链上形成核心竞争力和高端供给能力,实现更高层次的价值创造,推动产业转型升级和经济高质量发展。

第二,先进制造业与现代服务业深度融合是深化社会分工、提高经济社会运行效率的重点任务。先进制造业与现代服务业深度融合,可以强化制造企业和服务企业的专业分工优势,提升制造和服务环节的生产率,改善全社会资源配置效率,推动经济高质量发展。先进制造业与现代服务业的深度融合,将会推动新的生产要素的产生,如新的融合型学科、技术、人才,进而产生新的就业群体、新的科技形态,有助于推动经济社会的现代化进程,提升经济社会的运行效率。

第三,先进制造业与现代服务业深度融合是促进深化改革、提高国家竞争力的优先领域。"当前,我国改革发展形势正处于深刻变化之中,外部不确定不稳定因素增多,改革发展面临许多新情况新问题。"产业融合发展是存在未知问题的前沿战略性领域。推动融合发展,做好前瞻性研究,防范化解重大矛盾和突出问题,是"保持战略定力,坚持问题导向,因势利导、统筹谋划、精准施策"的重要领域,将为促进经济健康发展营造良好环境,推动改革更好服务经济社会发展大局。

第四,先进制造业与现代服务业深度融合是优化基础设施和公共服务体系、增进社会福利的必要条件。先进制造业与现代服务业深度融合,将会优化基础设施和公共服务体系,进而造福于民,有利于满足人民对美好生活的向往。两者的深度融合,有利于创新服务和生产生活新模式,形成大量新的产品或服务业态,引领和拓展新的消费需求,形成全新的消费领域和市场空间,有利于积累社会财富、满足人民的生活福祉。

(二)先进制造业与现代服务业融合的相关研究

1.现代服务业相关研究

现代服务业作为经济发展中的重要组成部分,是衡量一个国家经济发展水平的重要标志。纵观国内外相关文献,多数研究主要集中在现代服务业集聚、现代服务业与经济增长、现代服务业发展影响因素三个方面,本研究将从这三个方面对其进行相关梳理。

(1)关于现代服务业聚集,主要在空间分布、影响作用及形成机制、案例与实证等方面 进行了研究。在空间分布方面,Antonietti 和 Cainelli(2011)、Zhao 和 Zheng(2012)、江静(2007)认为服务业相比于制造业,其空间集聚效果更明显。在服务业集聚形成机制方面,Kolko(1999)、Henning(2008)、胡霞(2008)、陈建军等(2009)指出市场规模、资源依赖、信息技术、消费群体、制度环境等都会影响服务业聚集。在案例与实证方面,Jacobs 等基于阿姆斯特丹地区城市案例,指出知识密集型服务业聚集在一定程度上受跨国公司空间分布的影响。杨勇(2008)例、陈晓雁(2017)利用赫芬达尔指数、空间基尼系数分析我国服务业集聚情况,集聚程度逐年上升。

(2)现代服务业与经济增长研究

国外学者认为现代服务业与经济增长存在关联并存在两种不同的观点,一是认为服务业与经济增长呈负相关关系或没有必然联系,其主要代表有Kaldor(1991)与Warnock(2000),主要观点是服务业的扩张致使本应属于制造业的资源转移到服务业,从而造成制造业创新延缓,经济增长率降低。此后,随着服务业的不断发展,服务业在经济发展中起到"黏合剂"作用的观点逐渐兴起,其主要代表有Slep(1984)。

根据《国民经济行业分类》(GB/T 4754-2017)整理汇总,现代服务业是农业、制造业和采掘业相互发展的桥梁,是经济的黏合剂、产业发展的中间产业,是推动商品生产的原动力。Beyers(1993)、Verspagen(1991)、Daniels(2007)、Laurence(2005)认为由于经济的快速发展,其他产业与现代服务业关联联系更加紧密,为经济的增长提供有效的方式。在此基础上,我国学者结合我国实际情况进行学术创新,韩峰(2014)、王治(2009)和胡宗彪(2012)等在不同理论框架下肯定了现代服务业对经济增长的作用。

(3)现代服务业发展影响因素研究

对现代服务业影响因素进行研究,是解决现代服务业发展瓶颈、促进现代服务业迅速发展的重要途径,国内外学者纷纷展开对该领域的研究。Singleman(1979)、李娟(2010)、新燕(2012)等认为影响现代服务业发展的重要因素是城市化水平,且正向影响显著。Illeris(1989)、陈景华和王素素(2018)认为人力资源、信息技术对现代服务业发展产生了较大影响。《改革》服务中央决策系列选题研究小组(2017)在理论层面分析了现代服务业发展的制约因素。胡亦琴和王洪远(2014)、王毅(2015)、官卫华等(2013)在省级层面对现代服务业发展影响因素进行了研究。

2.先进制造业相关研究

通过对国内外研究文献梳理发现,目前对先进制造业大多集中在先进制造技术、先进制造业竞争力、先进制造业发展影响因素研究三方面进行研究的,本文将从这三方面对其进行梳理。

(1)先进制造技术研究

关于先进制造技术的定义研究,Zair(1992)、Gules(1998)认为先进制造技术是以计算机技术为中心的技术群,包括辅助设计、生产技术、管理能力等。

Boyer(1996)叫通过实证研究得出设计、制造和管理是先进制造技术的三维定义。我国学者张申生(1995)认为先进制造技术是技术的有机组合,包括信息、管理、自动化、通用制造等,并不是单一的技术。李晓明等(2004)指出先进制造技术体现在产品制造全过程中,是制造业不断融合到各个学科成果的总和。此外,先进制造技术实施的组织因素研究,Rosa Cardoso RD(2012)通过公司投资模式、股权结构、规模大小等企业行业角度,探讨其相互关系,并指出企业是先进制造技术实施的重要载体。国内学者陈宝森(2004)、龚唯平(2010)认为先进制造技术广泛应用于先进制造业,内部动因与外部动因共同推动其发展,并由此形成了动力机制。

(2)先进制造业竞争力研究

关于先进制造业竞争力的内涵,张坚与孙苟(2010)指出在特定经营环境中才会形成整体的产业竞争力,它是产业发展的中坚力量,且模仿难度较大。关于先进制造业竞争力影响因素的研究,金硝(1997)认为竞争力的决定因素有直接、间接两种。封伟毅、张恒梅(2015)指出为提高我国先进制造业竞争力,应整合产学研资源、注重创新人才、加强基础设施建设。关于先进制造业竞争力的实证研究,我国学者王军与王瑞(2011)、谭蓉娟(2015)分别基于层次分析法、偏离份额分析法和竞争力指数法、产业位势理论对先进制造业竞争力进行实证研究。

(3)先进制造业发展影响因素研究

Moreno(1997)对西班牙14个制造业11年的数据建立对数线性模型,得出制造业发展的决定因素。Jorge(2013)通过因子分析法研究了墨西哥制造业发展的决定因素。我国学者对此也进行了研究,李金华(2017)认为我国先进制造业的发展需要加大研发投入、引进先进技术、培养优秀人才、提高生产效率等。吴玉国(2012)通过理论分析与实证研究,认为人力资本、固定资产投资、外商直接投资、研究与开发、企业集聚等因素对我国先进制造业的发展影响显著。林苍松与张向前(2018)认为优质的制造业产品、高端生产要素配置、完善的政策制度是促进先进制造业发展的重要因素。

3.现代服务业与先进制造业的相互关系研究

服务业与制造业在产业链中存在上下游关系,具有密切的供给与需求关系,本研究将从需求遵从论、供给主导论、互动论、融合论四个方面进行文献梳理。

(1)需求遵从论

需求遵从论主张服务业发展的前提和基础是制造业,相对于制造业而言,服务业处于一种需求遵从地位。Cohen 和 Zysman(1987)指出制造业和服务业间不对称依赖性作用显著,且制造业对服务业发展的影响相对较大。在此基础上,我国学者胡霞(2008)、喻春娇与郑光凤(2010)、陈娜和顾乃华(2013)分别用多元线性回归、投入产出法、参数估计法、联立方程模型实证研究制造业对服务业发展的作用,认为制造业对服务业的发展正向作用明显。

(2)供给主导论

供给主导论主张制造业发展的前提和基础是服务业,服务业能提升制造业效率。从内在机制角度,由以下三个方面构成:一是基于社会分工视角,Riddle(1986)、Francois(1990)、泳泽(2014)、钱龙(2017)认为由于分工深化与专业化,从根本上促进了制造业生产效率的提高;二是基于交易成本视角,Daniels(1989)、冯泰文(2009)指出生产性服务业促进制造业效率提升的中间变量是交易成本,从而使得生产性服务业的发展在一定程度上提高了制造业效率;三是基于技术外溢效应视角,Grube 和 Walke(1998)、陈菲等(2017)、余泳泽等(2016)认为生产性服务业的技术外溢效应不断地释放到商品和服务中,提高最终产品的技术含量,使得制造业生产效率提高。从实证研究角度,刘纯彬与杨仁发(2013)、陈光与张超(2014)、凌永辉和张月友等(2017)通过建立面板数据模型,分区域、分行业实证研究我国生产性服务业发展对制造业效率的影响。张振刚和陈志明等基于市域视角对珠三角地区生产性服务业的发展对制造业效率提升的影响进行了研究。杜宇玮(2017)利用时间序列数据与截面数据,评价了中国生产性服务业对制造业升级的促进作用。

(3)互动论

随着产业结构由"工业型经济"向"服务型经济"的转变,制造业与服务业间相互作用、相互依赖、相互支持的双向互动关系越发明显。Goldhar(2010)认为生产性服务业在获得利润的同时,显现出了制造业的特点,另一方面制造业也吸收了生产性服务业的一些特征。Damijan(2015)认为生产性服务业与制造业之间是互补性关系,相互作用、相互依赖、共同发展特征明显。我国学者周振华(2003)认为服务业与制造业不单单为分工关系,而是共同发展进步的。高觉民与李晓慧(2011)分别基于要素分解和重构角度、产业共生角度对我国服务业与制造业的关联关系进行了研究。郑吉昌(2004)、刘卓聪(2012)分别以浙江、湖北为实例,分析先进制造业与现代服务业协同发展的现状和问题。刘川(2015)、王香芬(2014)分别以最优化理论、协同发展理论为基础,研究了珠三角地区先进制造业与现代服务业协同发展趋势。

此外,实证研究手段方面,主要采用以下三种方法:一是投入产出法,李博(2012)、刘婷婷等(2014)依据投入产出,对大连、北京、天津和全国其他区域的生产性服务业和制造业间的关系进行了实证研究。二是联立方程模型,华广敏(2015)、凌永辉与张月友等(2018)、张晴云与王纯等(2018)利用面板数据,分别建立面板联立方程、空间面板联立方程,分析服务业与制造业二者间的互动关系。三是 VAR 模型,殷凤(2011)、张晓涛(2012)分别基于 VAR 模型、MS-VAR 模型对制造业与服务业间的长短期因果关系进行了研究。四是耦合关联模型,唐晓华(2016)测算制造业不同子行业与生产性服务业的关联程度。唐晓华和张欣社等(2018)基于耦合协调视角,对制造业与生产性服务业间的总体发展水平及耦合协调程度进行研究。

(4)融合论

"融合论"是现阶段较为新颖的一种观点,"融合论"观点认为服务业与制造业二者间的界限越来越模糊,出现相互渗透、相互重叠的趋势,是"互动论"的加深研究。Borras(1998)认为生产性服务业与制造业之间既有的边界会伴随经济发展越发模糊,逐渐呈现出融合发展的趋势。此外,国内学者周振华(2003)通过研究三大产业(电信、广播电视和出版)融合的案例,确定产业融合框架与实证模型。高智与鲁志国(2018)、贺小丹和田新民(2018)分别依据系统理论、投入产出理论,对制造业与服务业的融合发展及其渗透性进行了研究。

4.文献评述

上述国内外文献分别从现代服务业相关研究、先进制造业相关研究、现代服务业与先进制造业相互关系研究三个方面进行了阐述。

在现代服务业研究方面,国内外学者主要围绕现代服务业集聚、现代服务业与经济增长、现代服务业发展影响因素三个方面。来展开关于现代服务业集聚的研究,国外学者研究主要集中在集聚形成原因和演化机制,国内学者则是对集聚水平测度和评价等方面进行实证研究;关于现代服务业与经济增长的研究,我国学者在国外学者的理论基础上,结合我国实际情况进行了学术创新;关于现代服务业发展影响因素的研究,国内外学者均展开研究,为促进现代服务业迅速发展作出了重大贡献。在先进制造业研究方面,国内外学者主要围绕先进制造技术、先进制造业竞争力、先进制造业发展影响因素三个方面。国外学者更多围绕先进制造技术进行了研究,国内学者则更多关注于先进制造业竞争力的研究,并且对于其内涵存在不同的意见。在现代服务业与先进制造业相互关系研究方面,大家则得出了比较一致的观点:两者之间的相互关系研究不论在理论上,还是在实际经济活动中都是存在的。主要体现在制造业对服务业的影响更为显著、服务业提升制造业效率、服务业与制造业互动发展、服务业与制造业融合发展四个方面。

(三)现代服务业与先进制造业融合的理论基础

1.社会分工理论

亚当·斯密最早提出经济学中的社会分工理论,此后由马克思、马歇尔、阿伦·杨格、杨小凯等学者在此基础上深化其内涵与外延。

亚当·斯密(1776)在《国富论》中首次提到劳动分工对劳动生产效率提高、国民财富增加具有较明显的作用,从而形成劳动分工的观点。其主要内容为:分工的出现使得生产某种特定产品的熟练程度提高,使生产要素的利用达到有效化、最大化,从而提高劳动生产率和增加物质财富。此外,产业协同作为社会分工的一种再组织和再分配形式,对经济增长的促进作用明显,而经济增长达到某一特定值时,机器的运用又反作用于产业协同。关于分工协作理论,马克思《资本论》中提出生产力在一定程度上促进了社会分工的发展,协作是分工的前提,协作也会提高劳动生产率,从而体现分工的效用。马歇尔(1981)在《经济学原理》中对分工的作用进行了更加详细的阐述,并从组织和规模报酬角度对其进行了分析。文中以工业为例,从微观企业层面说明在规模经济条件下,企业更容易获得分工产生的效益。阿伦·杨格(1928)在《报酬递增与经济进步》一书中提出了三个"杨格命题",深化了分工理论。主要包括:一是边际报酬递增是由劳动分工演进引发的;二是市场规模受分工程度的决定和制约;三是分工理论需要考虑供给和需求两方面。此外,分工本身作为一个良性循环的反馈过程,一定程度上决定了企业的发展规模和供需影响,其过程本身也会带来报酬递增效应,从而成为经济持续增长的动力。杨小凯(2003)在《经济学:新兴古典与新古典框架》一书中提出分工是产业形成和发展的基础,分工的演进促进了产业间的融合,从而形成产品的差异化,促进商品间的交换;微观言之,不断深化的分工促使中间企业的职能与劳动者个人专业化的形成。总而言之,分工促进产业间的互动,进而加速部门间交换、提高商品交换效率,与此同时,形成企业和劳动者的专业化。

结合现实社会经济环境,在产业系统内,现代服务业和先进制造业在要素、市场、技术等方面存在互补和关联效应,使其相互合作、共同发展。随着分工的深化和专业化程度的提高,二者的协同互动关系更为明显。一方面,制造业部门中具有服务性特征的部分被逐渐分解出来,在外部形成新的产业,从而产生了服务业,并促进了现代服务业的发展。服务业作为辅助其他部门发展的"过程产业",其专业化程度的提升、管理方式的改进、创新能力的提高使得部门效率提高、产品交易费用减少,从而降低分工成本,增强竞争优势。另一方面,分工成本的减少又能够提升分工专业化程度,现代服务环节整合到制造企业核心业务中,推动制造业发展迅速,服务活动中间需求要素不断扩大,成本降低、质量提高、效率加快,并通过技术创新焕发生机与活力,催生先进制造业的发展,这样的分工合作机制不仅可以增加对现代服务业的需求,也可以推动先进制造业的发展,从而推动二者之间的协同互动发展。

2.集聚经济理论

关于集聚经济理论,由马歇尔(1890)首次提出,其中两个重要概念为"内部经济"和"外部经济"。外部规模经济是指在相同条件下,相比于行业规模小的地区,行业规模大的地区生产效率更好,并且随着行业规模的扩大,使得该地区厂商规模收益增加,从而致使该行业及其相关行业、部门在该地或相邻区域形成大规模的高度集中,即形成外部规模经济。其特征为:生产成本降低且行业总体产出增加。其产生的原因有:一是中间投入品的规模经济。主要表现在一个行业的公司都从同一个供应商处购买中间投入品;二是劳动力蓄水池效应。一是体现在职位空缺的信息通过非正常渠道的传输(比如偶然间的谈话)以及雇主就近原则等,降低了劳动者的搜索成本;二是因为地理位置上的相近,劳动力移动成本、跳槽成本较低,同样,企业寻找优秀员工的速度提高,并使之快速投入生产;三是一定程度上方便了信息的传播及知识的扩散,主要体现在不同公司员工间对新产品和新技术的交流以及同行业员工间相关信息的交换等。此后,随着全球经济一体化的发展,在马歇尔理论的基础上,许多学者对集聚经济理论进行了一定的补充与发展。韦伯1909年发表的《工业区位论》中指出运输成本、劳动力成本、聚集与分散的经济性是影响工业位置选择的三个重要指标。其中,聚集经济性是指经济活动、相关要素的空间集中会使得资源利用效率提高、生产成本降低、收入和效用增加。

基于此,现代服务业、先进制造业二者间的区域集聚促进了两个产业间的协同发展。体现在以下几点:一是减少现代服务业与先进制造业二者间搜寻原材料的成本、厂商间的交易费用,形成规模经济;二是为提高两个产业间的合作效率,会进行更细化的分工,从而推动厂商劳动效率的提高;三是由于两个产业间的集聚,使得中间产品供应商的服务更稳定、更有效、更高质量;四是两个产业间的集聚在一定程度上提高了对政府或其他公共机构的行业谈判力,从而获得低价的公共物品和服务。

3.协同发展理论

协同发展理论又名协和学、协同学。协同,指两个或两个以上不同的子系统,一致完成某一个目标的能力。20世纪70年代,德国物理学家哈肯系统指出协同发展理论是研究不同事物之间的协作原理并获得广泛应用的新兴学科,主要有两个特征:一是研究各子系统间的相互联合作用,二是研究不同系统间的合作、规律及运行机制。该理论在一定程度上揭示了自然界及人类社会事物的一种规律,即子系统间的相互作用促使整个系统由旧向新状态的变化,并拓宽应用到经济学、社会学等多种学科领域。我国学者吴大进(1990)、王维国(2000)最早将"协同发展理论"应用于经济学领域。此后,王毅与丁正山等(2015)、李江苏与王晓蕊等将其逐渐扩大,出现产业间互动发展评价体系。基于此,协同发展理论对产业协同发展提供了理论基础,产业协同在某种程度上是产业互动与细化分工的过程,协同发展不仅降低产业发展成本,提高产业收益,而且也促进了新业态的创新。

第二章 现状与趋势

(一)全球主要国家现代制造业与现代服务业融合的现状

1.融合度国际对比

产业融合测度方法主要有专利技术法、熵指数法和赫芬达尔指数法、NE-GOPY 网络分析法、投入产出表计算法等。前三种方法都属于企业融合测度，涉及样本的专利数据，多衡量技术层面的融合，并不能很好地测算出中观产业层面的融合程度，并且缺乏国家可比性。因此，采用投入产出法来衡量两业融合程度，通过 CFD_{ijt} 正向融合度，衡量部门 i 对部门 j 的中间投入占部门 j 总中间投入的比重。计算公式如下：

$$CFD_{ijt} = \frac{t\text{ 时期部门 i 对部门 j 的中间投入}}{t\text{ 时期部门 i 的总中间投入}} \times 100\%$$

利用 World Input-Output Database（WIOD）发布的世界投入产出表（World Input-Output Tables）分别测算了美国、中国、德国、日本、韩国、印度尼西亚（东盟代表）制造业与服务业的融合程度。结合 WIOD 的行业分类标准及产业附加值，将制造业部门分为一般制造业与先进制造业，将服务业部门分为一般服务业与现代服务业。其中，结合 WIOD 分类及我国对产业分类的一般方式，将 C10－C12、C13－C15、C16、C17、C18、C19、C22－C24、C31－C32 归纳为一般制造业，将 C20、C21、C25、C26、C27、C28、C29、C30、C33 归纳为先进制造业，将 G45、G46、G47、H49－H53 归纳为一般服务业，将其他服务业领域归纳为现代服务业。（表 2－1）按照上述公式及产业分类方法，分别计算各国自2000 至 2014 年一般服务业对一般制造业、一般服务业对先进制造业、现代服务业对一般制造业及现代服务业对先进制造业的正向融合程度。

表 2－1 WIOD 分类下产业分类

一般制造业	C10－C12 食品、饮料和烟草制品；C13－C15 纺织品、服装及皮革制品；C16 木材、木材制品及软木制品（家具除外）、草编织品及编织材料物品；C17 纸张及纸制品；C18 印刷和记录服务；C19 焦炭和精炼石油产品；C22 橡胶及塑料制品；C23 其他非金属矿产品；C24 基本金属；C31－C32 家具的制造、其他制造业
先进制造业	C20 化学品及化工产品；C21 基本药物产品和药物制剂；C25 金属制品，机械设备除外；C26 计算机、电子、光学产品；C27 电气设备；C28 机器设备；C29 机动车辆、拖车和半拖车；C30 其他运输设备；C33 机械设备的维修和安装服务
一般服务业	G45 汽车、摩托车的批发、零售贸易和修理服务；G46 批发贸易服务，但汽车、摩托车除外；G47 零售贸易服务，但汽车及摩托车除外；H49 陆地运输服务和管道运输服务；H50 水路运输服务；H51 航空运输服务；H52 仓储和运输支持服务；H53 邮政及速递服务
现代服务业	J59－J60 电影、录像、电视节目制作、录音、音乐出版；节目及广播服务；J61 电信服务；J62－J63 电脑程序设计、顾问及相关服务；信息服务；K64 金融服务，保险和养老基金除外；K65 保险、再保险及养老基金服务，但强制性社会保障除外；K66 辅助金融服务和保险服务的服务；L68 房地产服务；M69－M70 法律和会计服务；总部的服务；管理咨询服务；M71 建筑和工程服务；技术测试和分析服务；M72 科学研究与开发服务；M73 广告和市场调查服务；M74－M75 其他专业、科技服务；兽医服务；N77 租赁及租赁服务；N78 就业服务；N79 旅行社、旅游经营商等预订服务及相关服务；N80－N82 保安和调查服务；建筑及景观服务；办公行政、办公支持及其他业务支持服务；O84 公共行政和国防服务；强制性社会保障服务；P85 教育服务；Q86 人类健康服务；Q87－Q88 社会工作服务；R90－R92 创意、艺术和娱乐服务；图书馆、档案、博物馆和其他文化服务机构；博彩服务

（1）制造业与服务业融合度的国际对比

利用上述算法分别计算 2014 年美国、中国、德国、日本、韩国、印度尼西亚一般服务业、现代服务业对一般制造业、先进制造业的融合度，如图 2－1 所示。

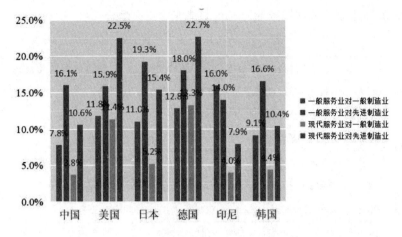

图 2-1　2014 年制造业与服务业融合度国际对比

从各国间比较来看,我国一般服务业对一般制造业、现代服务业对一般制造业的正向融合度均处于五个国家最低,说明我国服务业整体对一般制造业的正向融合程度较低,一般制造业生产过程中使用服务业比重偏低。而德国、美国,无论是一般服务业还是现代服务业对一般制造业的正向融合度均超过了10%,在六个国家中均处于前列,说明德国、美国等制造强国一般制造业也较为广泛地应用了服务业提升其发展质量。先进制造业方面,我国一般服务业对先进制造业的正向融合度为16.1%,低于日本、韩国、德国而略高于美国;而现代服务业对先进制造业的正向融合度方面,我国仅为10.6%,不到美国、德国的一半,与日本也具有一定的差距。

(2)一般服务业对一般制造业融合度时序分析(图 2-2)

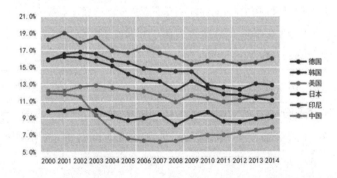

图 2-2　一般服务业对一般制造业正向融合度时序分析

一般服务业对一般制造业的正向融合度主要体现在传统商贸、物流对初级工业品生产的正向融合水平。纵向对比来看,我国一般服务业与一般制造业正向融合水平在六国中最低。横向对比来看,2000年以来6个代表国家除美国外,一般服务业对一般制造业的融合程度均出现了一定程度的降低,我国在2000—2007年呈现出快速下降的趋势。在2008年后,我国一般服务业对一般制造业的正向融合水平呈现缓慢上升的态势,但绝对值水平仍处于较低位置。

（3）一般服务业对先进制造业融合度时序分析（图2-3）

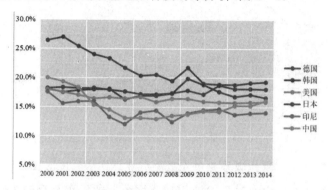

图2-3　一般服务业对先进制造业正向融合度时序分析

　　一般服务业对先进制造业的正向融合度,主要体现在传统服务业对较高附加值产品生产制造的先进服务业正向融合水平。纵向对比来看,日本在该项指标一直处于较为领先的位置,但近几年下降速度较快。我国在2000年时一般服务业对先进制造业融合程度位列六国中第二,但随着先进制造业与一般服务业发展速度差异,在2000—2007年一般服务业对先进制造业的正向融合水平逐年降低,在2007年后开始逐步上升,目前与美国处于相近水平。

（4）现代服务业对一般制造业融合度时序分析（图2-4）

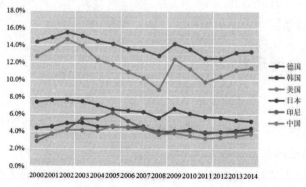

图2-4　现代服务业对一般制造业正向融合度时序分析

现代服务业对一般制造业的融合度体现在以金融、信息技术为代表的现代服务业对传统制造业的正向融合水平。从各国来看,德国与美国该项指标一直处于国际前列,而我国相对较低。横向来看,我国近年来现代服务业与一般制造业的正向融合程度一直保持在3%左右,波动较小。

（5）现代服务业对先进制造业融合度时序分析(图2-5)

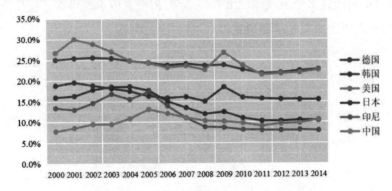

图2-5　现代服务业对先进制造业正向融合度时序分析

在先进制造业的生产过程中使用现代服务业的比重是反映先进制造业和现代服务业的融合程度的重要指标,也就是在生产过程中,有关金融、信息、技术等全部支出占生产过程支出(中间投入)的比重,这一比重越大,说明先进制造业生产过程中使用现代服务业的比重越高。纵向对比来看,目前德国、美国先进制造业与现代服务业融合水平最高,处于世界的第一方阵;日本近年来该项指标相对较为平稳,处于世界的第二方阵;韩国自2004年现代服务业对先进制造业的正向融合水平下降较快,而我国在2004年至2011年缓慢下降后近年来呈现出上升态势,目前与韩国水平较为接近。以印尼为代表的东盟各国作为先进制造业的后发区域,在2004年以后现代服务业对先进制造业的正向融合度快速下降,目前处于六国中末位。

2.美国发展现状

（1）先进制造业:产品定义能力突出。美国先进制造企业普遍通过研发、设计等价值链上游环节来强化对于产品功能及系统的定义,获取附加价值。这方面美国市场通过颠覆性创新研发来推动对产品功能的定义,例如航空发动机制造业,降低发动力油耗,大多数企业会从设计、材料、工艺、控制优化等角度去解决问题,而通用电气发现飞机油耗与飞行员驾驶习惯以及发动机保养情况非常相关,于是从制造端跳出来转向运维端去解决问题,效果比制造端改善还明显

（表 2－2）。

表 2－2　美国在制造业发展方面的布局演变

维度	20 世纪 90 年代-21 世纪初期	2010 年以来
对制造业的价值取向	在信息化、全球化背景下，美国为降低制造业生产成本、提升利润，将大量中低端制造业迁往亚洲新兴经济体，将经济重心转向第三产业和新兴高新技术产业	金融危机的爆发让美国认识到制造业过度外流造成的"产业空心化"带来的风险，开始推动"再工业化"战略，借助在信息技术上的技术优势，通过软硬件结合的方式，实现制造业优势重塑
制造业发展的政策导向	引导资本、人才等要素资源从传统制造业向高技术服务业、信息业等新兴产业，以及生产过程中的研发设计环节聚集流动	随着信息技术和互联网的快速发展，美国政府着力引导以软件为主导的创新，强化利用软件来定义产品功能和性能，增强对以软件为主导的创新的重视程度，使得制造业的价值源泉从以硬件为主导转移到了以软件为主导
制造业发展的主要措施	出台"先进技术计划""先进制造技术计划""下一代制造——行动框架"等一系列行动计划，为先进制造技术应用、产品研发设计、生产解决方案提供等领域提供财政金融、教育培训支持	出台"美国创新战略""美国国家人工智能研究和发展战略规划""为人工智能的未来做好准备""人工智能、自动化和经济""美国先进制造业领导战略""未来工业发展规划"等系列行动计划，将人工智能、大数据分析、数字化、量子通信等列为优先发展和重点发展的领域，保证相关领域的基础和长期研究
制造业发展取得的成效	在快速产品和工艺集成开发系统、建模与仿真技术、纳米制造技术、生物制造技术等先进制造领域，以及精益思维（LT）、知识网络化企业（KNE）等现代制造模式领域取得一系列突破，制造业柔性化、集成化、智能化及网络化获得了前所未有的发展	通过推动数字化生产、大数据分析、人工智能、量子通信、纳米技术等领域的技术进步和应用，使得美国制造业企业能够不断地基于网络获取信息，及时对市场需求作出快速反应，同时能够将各种资源集成与共享，合理利用各种资源

续表

维度	20 世纪 90 年代-21 世纪初期	2010 年以来
发展中的经验或教训	过度关注先进制造技术的研发,以及生产过程中的研发设计环节,虽然带来了高技术服务业的蓬勃发展,但造成了制造生产端的大量外流,造成"产业空心化"问题	前瞻性地对未来先进制造业国际竞争的关键领域进行布局,推动了美国制造业对全球领先优势的重塑

(2)现代服务业:科技立法与政府引导。美国在 20 世纪 80 年代前后,通过科技立法,如 1980 年的《专利和商标修正法案》、1982 年颁布的《小企业技术创新法》等,为以知识和技术为核心的现代服务业打下了良好的制度基础。20 世纪 90 年代前后,大力发展科技服务业,如成立了美国国家技术转移中心(NTTC)、国家信息服务中心等中介机构,促进科技成果商业化转化,这些机构除为技术转化和产业化提供信息、咨询、技术、人才和资金等支撑服务外,还直接参与服务对象的技术创新过程。进入 21 世纪,美国优先发展以人工智能为代表的新一代信息技术服务业,美国政府在 2019 财年的财政预算中,已将人工智能、无人自主系统的研发作为政府优先资助项目(表 2-3)。

表 2-3　美国对现代服务业发展的认识演变

维度	20 世纪 80 年代前后	20 世纪 90 年代前后	21 世纪
价值取向	认识到知识和技术是现代服务业的核心,关键是要激发研发人员活力	认识到科技服务业作为中介,在成果转化、对接供需方面的重要作用	认识到智能化是未来变革的关键方向
政策导向	加强科技立法,为以知识和技术为核心的现代服务业打好制度基础	大力发展科技服务业,促进科技成果商业化转化	优先发展以人工智能为代表的新一代信息技术服务业

维度	20 世纪 80 年代前后	20 世纪 90 年代前后	21 世纪
主要措施	美国 1980 年颁布的《拜杜专利和商标修正法案》，规定研究成果的全部知识产权属于完成该项目的部门，政府仅保留优先使用权	1989 年，成立了美国国家技术转移中心（NTTC），之后大量的美国科技中介服务机构出现、种类繁多，组织形式多样，专业化程度高	2015 年以来，美国联邦政府对人工智能及相关技术（除防卫与情报部门投入的专项资金之外）的全部研发投资提升了约 40%
主要措施	1982 年颁布的《小企业技术创新法》，设立了小企业科技研究项目，目的是通过为小企业（企业的总就业人数小于 500 人）提供资助以及税收减免，帮助特定的小企业进行科技研发，政府每年为该项目拨款约 25 亿美元	除为技术转化和产业化提供信息、咨询、技术、人才和资金等支撑服务外，还直接参与服务对象的技术创新过程。美国还建立国家信息服务中心，利用其计算机网络服务平台将研究机构的科技成果向制造业企业进行推广	美国政府在 2019 财年的财政预算中，已将人工智能、无人自主系统的研发作为政府优先资助项目，这是有史以来第一个将人工智能、自主和无人系统作为管理研发优先事项的财政申请。在军事方面，美国防部"算法战跨职能小组"（AWCFT）正在开展代号为 Maven 的项目，其中一个子项目是与谷歌合作开发 AI 技术，用于分析无人机拍摄的空中视频。在公共方面，联邦总务管理局（GSA）正与亚马逊、微软、谷歌、IBM 等公司合作，探索将其公共数据整合到人工智能辅助设备中
取得成效	激发了科研工作者的科技成果商用转化的积极性	科技服务业蓬勃发展，有效促进了成果转化	谷歌、Facebook、亚马逊、微软等公司成为全球 AI 领头羊。大量 AI 产品和服务正在进入市场
经验教训	加强科技创新等方面的顶层设计，打好制度基础	发挥科技服务中介功能，有效对接供需，一方面促使研发更有方向性，另一方面提升了技术商业化速度	人工智能发展中，政府引导很关键

3. 德国发展现状

（1）先进制造业：关键生产装备及生产系统优势突出。德国高可靠性、高标准的关键生产设备是其先进制造业的突出优势，本着"发现问题—解决问题—将解决问题的知识和流程固化到装备和生产线中—对相似问题自动解决或避免"的逻辑，德国不断将生产知识和机制注入生产设备中，研发出更先进的装备和更可靠的高度自动化生产线，使得其设备成为高质量制造产品的根本保障（表2—4）。

表2—4　德国在制造业发展方面的布局演变

维度	20世纪60年代末至90年代	21世纪以来
对制造业的价值取向	面对钢铁煤炭等高能耗、高污染、低附加值产业产能过剩，经济发展过度依赖传统重工业等问题的日益凸显，德国意识到发展高附加值新兴产业、实现产业升级的重要性	互联网时代下，德国在技术水平、创新能力上的领先地位开始受到新兴经济体的挑战，而后德国认识到应将重点转移到借助互联网技术提升生产效率、研发速度以及生产制造的灵活性等方面
制造业发展的政策导向	通过前瞻性产业优化政策推动产业结构调整，引导布局化学、电气机械、汽车等高附加值新兴产业，以及依附于工业的生产性服务业，推动产业发展向中高端迈进	提出"工业4.0"愿景，引导企业开展工业自动化技术变革，强化互联网技术在生产制造模式中的应用，以实现创新质量和成本速度相融合，推动生产方式的变革
制造业发展主要措施	整合优化传统产业，1968年出台《煤炭适应法》，重组优化煤炭公司，使煤炭产能逐步适应能源经济发展；积极补贴大学与企业结合的科技园和技术孵化中心来促进技术转化和扩散；推动新兴产业发展，从产业发展初期开始给予不同形式的激励，如1991年的《可再生能源法》规定了风电的补贴方法，并保证补贴持续20年；为就业提供财政支持，对企业创造就业岗位给予资金奖励，又对传统产业工人转岗培训费用提供资助，保证转型过程的人才供给稳定	相继出台包含《德国高科技战略》《高科技战略行动计划》《德国工业4.0战略计划实施建议》《国家工业战略2030》等系列行动计划，推动制造企业智能化转型，将设备、原材料、产品等生产因素和资源通过CPS连接起来，并利用物联网等技术，实现生产方式变革；推动标准化建设，就"工业4.0"所涉及技术标准和规格取得一致，为所有参与方提供一个概览和规划基础；打造样板工厂，发布"工业4.0平台地图"，这份虚拟在线地图上清晰标注了遍布德国各地的200多个工业4.0应用实例和试验点

维度	20 世纪 60 年代末至 90 年代	21 世纪以来
制造业发展取得的成效	以全德最大工业基地鲁尔区为例，结构优化后鲁尔区对钢铁产业依赖程度大幅降低，钢铁产业产值占比从 70% 左右降至 40% 左右，附加值更高的化学工业则从 20% 左右升至 30% 左右。就业方面，1980—1991 年，矿冶工业就业人数减少 10.3 万个，占第二产业比重由 41.2% 降到 33.0%，同期机械制造、电子、汽车、化学以及食品工业就业人数占比由 34.4% 大幅上升至 41.1%	"智能制造"推动了德国制造模式的变革，实现了创新质量和成本速度相融合。尽管工厂生产的产品更为复杂、生产研发更为耗时，但德国劳动生产率仍呈现整体上升态势，尤其在 2013 年"工业 4.0"提出后迎来一波快速拉抬。德国中央合作银行在报告中指出：到 2025 年，"工业 4.0"将推动德国劳动生产率较 2013 年提升 12%，其中化工、机械制造和电气设备三个产业提升幅度将达到 30%
发展中的经验或教训	在面临增速换挡之际，德国通过布局新兴产业、开展供给侧结构性改革，实现了产业结构向中高端迈进，保持了制造业的长期健康持续发展	及时开展"智能制造"转型，保证了德国能够进一步发挥在嵌入式系统与自动化工程领域的技术优势，主导未来新一代工业生产技术的话语权，引领全球高端制造业的发展方向

（3）现代服务业：搭建知识型合作研发平台。德国政府通过出台系列高科技战略，如 2006 年的《德国高科技战略》、2010 年的《思想、创新、增长——德国高科技战略 2020》、2018 年的《联邦政府人工智能战略要点》，促进德国现代服务业（尤其是现代信息技术服务业）达到国际领先。其中，信息技术服务等现代服务业被列为德国高科技战略的重要领域，力求通过现代信息技术保持德国的制造业国际竞争力。德国还通过构建合作研发平台促进现代服务业发展，如德国人工智能研究中心（DFKI）、弗朗霍夫协会、马普协会、莱布尼兹协会等。近期，德国与法国达成联合协议，共同建立自主人工智能联合研发中心（表 2—5）。

表 2—5　德国对现代服务业发展的认识演变

维度	1990—	2006—	进入 21 世纪
价值取向	认识到合作研发的重要作用	认识到发展高科技产业的重要性	认识到政企合作形成的科技服务体系是核心竞争力

维度	1990—	2006—	进入 21 世纪
政策导向	通过构建合作研发平台促进现代服务业发展	通过出台系列高科技战略，促进现代服务业达到国际领先	构建形成政企联合的科技服务体系
主要措施	德国人工智能研究中心（DFKI）采用公私合作伙伴关系（PPP）模式建立人工智能研究机构，近 30 年来孵化设立了约 84 家人工智能企业。德国除了 DFKI 外，弗朗霍夫协会、马普协会、莱布尼兹协会等也都有相关研发项目	2006 年，德国联邦政府第一次推出《德国高科技战略》，之后又在 2010 年颁布了更新版《思想、创新、增长——德国高科技战略 2020》，其中，信息技术服务等现代服务业被列为"高科技战略"的重要领域，力求通过现代科技保持德国服务业的国际竞争力。2018 年 7 月，德国联邦政府内阁通过了《联邦政府人工智能战略要点》，旨在进一步提升人工智能基础研发和拓展应用领域	在科技服务业发展模式上，德国除了在政策上全力支持中小企业创新发展，同时在资金投入和人才培养方面聚集了多方面力量包括各企业自主研发机构、社会公共科研机构以及政府政策行政系统等形成政企联合的科技服务体系。每个州都有技术转移中心（类似于我国的生产力促进中心），为中小企业提供专业服务，还有覆盖广泛、种类众多、组织体系完善的行业协会形成的科技服务市场
取得成效	以平台为依托，孵化出了很多创新型企业	促进了高科技产业的基础研究，并拓展了应用领域	科技服务市场蓬勃发展
经验教训	搭建合作研发平台	规划引领，基础研究和应用研究并重	政府深度参与科技服务体系建设

4. 日本发展现状

（1）先进制造业：原材料及关键零部件等上游环节制造实力强劲。近年来，日本先进制造业在上游的原材料及储能技术和关键装备及关键零部件领域拥有了较强的话语权。如松下在近年来成为世界上最先进的电池生产商，特斯拉电动车使用的就是松下 18650 电池。索尼在智能手机用"CMOS（互补型金属氧化膜半导体）图像传感器"领域扩大了市场份额。美国苹果等智能手机巨头纷纷采用该图像传感器，由于智能手机市场的扩大，索尼的供货量出现增长。虽然索尼的智能手机业务陷入亏损，但是以该图像传感器为中心，电子零部件业务 2014 年度的营业利润达 930 亿日元，在金融以外领域盈利最高（表 2—6）。

表 2—6　日本在制造业发展方面的布局演变

维度	20 世纪 80 年代至 21 世纪	2010 年以来
对制造业的价值取向	20 世纪 70 年代的石油危机使得日本认识到严重依赖海外资源这一发展模式的脆弱性，而后日本开始将经济发展重点转向高附加值的知识密集型制造业	少子老龄化限制制造业发展、对外投资过多造成"产业空心化"等问题日益突出，同时 2011 年东日本大地震暴露了日本在能源和产品供应不足等方面问题，日本开始积极寻求物联网应用，利用智能制造提升劳动生产率以及资源利用效率，弥补其老龄化和劳动力不足的短板
制造业发展的政策导向	引导产业结构调整，降低重化工业比重，将电子计算机、宇航等知识密集型产业作为主导性产业发展，并开始加快实施以产业"绿色化"为核心的产业结构调整，积极建设资源节约型和环境友好型经济结构	日本政府发布提出"超智能社会 5.0"构想和"工业互联"计划，引导工业领域数字化进程，通过 IoT、人工智能、机器人等技术，推动各类产业发展，并将其融入到社会生活中去，不仅解决制造问题，还面向社会解决方案提供，实现"超智能社会 5.0"

维度	20 世纪 80 年代至 21 世纪	2010 年以来
制造业发展主要措施	通产省和科技厅分别提出"技术立国"和"科技立国"口号，实行税制优惠措施、补助金与委托费低息融资等政策优惠对民间部门研究开发进行大力扶植；同时引导企业研发转向节能和"轻薄短小"等方向，推动钢铁工业进行高炉技术改造、电力工业大力开发核电设备，提升能源效率，将生产重点由基础原材料工业转为加工组装型产业	采取系列措施推动工厂智能化及物联网的应用，包括示范应用案例的整理和可视化（制造白皮书、应用实例在线地图、智能工厂示范项目、机器人引进示范项目实例说明手册等），建立中小企业的外部支援（建立了"智能制造声援团"对中小企业进行支持、专家派遣、普及中小企业容易使用的工具等），以提供技术、人员、工具的支持；此外，还采取了日本标准国际化、面向制造的网络安全、数字化人才培养、研发支撑等有效手段
制造业发展取得的成效	制造业相关领域科技研发人员数量、论文发表数量、专利申请数量等方面均有重要突破；汽车、家电、机床等产量在 1975—1980 年分别增长 1.19、1.72 和 2.03 倍；半导体元器件、集成电路产业产值在 1975—1990 年间分别增长了 4.5 和 24.8 倍	工厂数据采集水平明显提升，依据经产省调查，日本在工厂中进行采集数据的企业，2015 年只有 40%，2016 年则达到 66%，其中大型企业达到 88%。同时，近年来日本宏观经济已显示出重要改善迹象，名义国内生产总值（GDP）增长明显加速，预计在 2021—2025 年间 GDP 平均增速将达到 2.2%
发展中的经验或教训	政府对技术密集型产业的培育、技术研发的支持、绿色化转型的推动，使得日本成功实现了由"日本制造"向"日本创造"的蜕变，制造业全球竞争力进一步提升	通过"超智能社会 5.0""工业互联"等构想，有效解决老龄化、人手不足、社会环境能源制约等迫切性很强的社会问题，保证了在工业 4.0 大背景下日本制造业优势和竞争力的延续

（2）现代服务业：促进产业立法和满足社会需求。日本在促进电子信息产业和 IT 业发展过程中，通过制定并完善法律，保障服务业的顺利发展。如1957 年的《电子工业振兴临时措施法》、1970 年的《信息处理振兴事业协会法》、1971 年的《特定电子工业及特定机械工业临时措施法》、《IT 基本法》、

"E-Japan"战略等。日本还建立了"服务业生产率协议会"平台型组织，根据日本少子老龄化趋势，以人为本，注重发展"生活充实型服务业"（表2—7）。

表 2—7　日本对现代服务业发展的认识演变

维度	21 世纪之前	21 世纪之后
价值取向	认识到立法在促进发展高科技产业的重要性	认识到发展现代服务业，是为了提高劳动生产率。考虑到了日本未来人口结构的变化
政策导向	制定并完善法律，保障服务业的顺利发展	建立"服务业生产率协议会"平台型组织
主要措施	在实际发展过程中，尤其在电子信息产业和 IT 业出台的相关法律法规较为完备，从 1957 年的《电子工业振兴临时措施法》到 1970 年的《信息处理振兴事业协会法》、1971 年的《特定电子工业及特定机械工业临时措施法》等，均为电子工业的发展奠定了良好的基础。政府不断出台促进 IT 产业发展的战略法规，如《IT 基本法》、"E-Japan"战略等	日本经济产业省以促进服务业发展、提高服务业生产率为目的成立了产、学、官三者合作的平台型组织——"服务业生产率协议会"，主要围绕服务业如何提高劳动生产率展开相关调研及政策制定等工作。根据日本少子老龄化的特点，在政策的具体制定过程中以人为本，注重发展"生活充实型服务业"，强调创新、创造并注重扩大需求和信息化，关注老年人的服务需求，鼓励创造新的商务模式来满足日益增长的多样化与个性化需求
取得成效	发展到 2000 年之后日本的电子信息产业已经处于世界前沿	通过平台型组织，研究制定现代服务业发展方向

经验教训	立法先行，集中力量发展重点行业	以实现经济社会目标为导向，发展现代服务业

（二）我国先进制造业与现代服务业融合的现状

目前，我国传统制造企业大力推进上下游产业整合，延伸拓展进入到技术研发以及市场拓展等环节，现代服务企业也依托数据等方面优势不断向制造领域渗透，制造业与服务业融合发展不断加快。

1. 中央和各级政府积极推进先进制造业与现代服务业融合发展

服务型制造的发展是推进先进制造业与现代服务业融合发展的一个重要方面。早在 2016 年，我国工信部会同国家发改委、中国工程院发布了《发展服务型制造专项行动指南》，2017 年，工信部在全国遴选了首批服务型制造示范企业，包括 30 个示范企业、60 个示范项目和 30 个示范平台，2018 年又公布了第二批服务型制造示范名单，共包括 33 个示范企业、50 个示范项目、31 个示范平台，以及苏州等 6 个服务型制造示范城市。此外，各省还自我遴选了一批省级的服务型制造示范企业。

2019 年的中央经济工作会议上，提出要推动制造业高质量发展，促进先进制造业和现代服务业深度融合发展。此后，各地积极探索，出台了不少地方性措施，或者试点方案。例如，浙江省遴选了 25 家示范名单，包括 9 家产业集群类试点，6 家龙头服务企业制造化试点，以及 10 家龙头企业制造业服务化类试点。还有很多地区也都在积极探索，例如江苏省江阴市、广东省东莞市都已经出台了相应的具体实施意见。

2. 一些大型制造业企业向服务业转型方面取得了积极进展

企业是制造业与服务业融合发展的主体。从成功实现转型升级的企业和国家来看，一个共同特点就是推动制造业与生产服务业的深度融合，构建起了服务型制造体系。例如，美国通用电气等大型跨国公司已经呈现了制造业高度融合趋势，服务业务占公司总收入的比例超过2/3。数据显示，在美国制造业中，与服务融合的企业占总数的58％。

近年来，我国大力推进服务型制造的发展，很多大型制造业企业不仅在企业内部发展专门的服务业部门，为客户提供更多的服务，还有一些企业正在向工业互联网方向发展，涌现出了一批工业互联网平台企业，例如海尔的COSMOPlat平台、三一重工的树根互联平台、阿里巴巴的淘工厂等，这些企业正在引领我国制造业向服务型制造转型。

3. 网络基础能力持续升级现代服务业发展基础更加完善

近年来，随着全球互联网技术和应用迎来爆发性增长，我国互联网基础设施的发展水平不断提高，固定宽带、移动互联网与下一代互联网建设进程大幅加快，逐步向高速、泛在、安全、开放的新一代互联网基础设施发展，有力地促进了跨地域跨时空经济协作，加速了线上线下互动消费，为推动"互联网＋"发展提供有力的网络基础能力支撑。

我国公共云计算服务水平不断提高，大数据应用建设和数据资源开放共享得到广泛重视，物联网技术快速升级演进，实施"互联网＋"的应用基础不断完善。云计算、大数据的服务化、定制化趋势大大降低了企业IT建设成本。物联网终端的应用则提高了工业生产领域的供应链效率，提升了生产过程中生产线检测、生产设备监控、实时参数采集等重要环节的能力和水平，因而得到快速应用。

云计算成为"互联网＋"核心应用基础设施平台。虚拟化技术、分布与并行计算、互联网技术的发展与成熟，使得基于云计算的服务业获得了蓬勃发展，成为满足广大用户信息化需求的低成本、高性能、高可靠的核心基础设施平台。各类城市云平台、行业云平台和公共服务云平台成为地方智慧城市建设及支撑传统产业转型升级的重要基础设施。城市云整合区域内分散的硬件、软件和数据资源，形成逻辑上统一的"城市云"体系，带动区域内的信息化建设和应用模式从传统模式转向云服务模式。产业应用领域，我国云服务企业通过产业分工协作，面向传统行业用户提供 IT 基础设施、开发平台、软件应用等全套云服务，实现了 IT 基础设施的集约化建设运营，取得了良好的社会效益。

（三） 我国先进制造业与现代服务业融合的难点

1. 融合创新难度较大

产业创新能力不足不仅导致产业发展缺少原动力，也将严重影响制造业和服务业的融合发展。从市场角度来看，由于产权制度改革和现代企业制度仍处于培育完善阶段，企业中缺乏进行自主创新的内在机制和自觉从事创新的内在动力。同时，由于在市场运行规则、价格体系和调节机制、市场准入和退出机制、企业创新服务等方面还未形成良好的体系，法律保障制度也还存在明显的不足，导致企业自主创新能力较弱，进而影响产业融合创新。

自主创新的核心问题是知识产权的有效保护。没有对知识产权的保护，任何创新活动都是难以持久的。从现阶段来看，我国企业的创新意识整体还较为薄弱，企业技术创新的主体地位尚未真正确立。大部分企业存在创新能力不足、研发投入偏低、创新人才储备不足等问题，具备自主知识产权、自主品牌、自主营销渠道的产品比重较低，尤其是缺乏具有国际竞争力、能够引领产业发展的创新型企业。

2. 跨界融合的交易成本高

从发展演变来看，我国现代制造业园区基本上是在原有工业园区内集聚发展而来的，不少园区在设计之初就缺少对配套服务业的发展规划，导致制造业和服务业的融合协同不够。一定程度上，交易成本的变化决定了制造业和服务业，尤其是和生产性服务业在空间布局上的协同水平。同时，由于我国制造业和服务业的税制和税率存在一定的差异性，阻碍了企业按照市场化原则对自身内部的服务业进行拆分或融合，这也导致了生产性服务业的发展不够集聚，对制造业的响应能力不强，难以为制造业发展提供优质高效的服务支撑。与制造业相比，我国现代服务业还存在行业组织不够健全、规划和标准不够完善、行业管理水平不够等问题，不能为生产性服务业的规范有序和健康快速发展提供相应的制度保障。近年来，国家有关部门出台了一系列政策举措，推动了服务业的快速发展。但从总体来看，我国服务业政策体系仍然有待完善，尤其是缺乏针对性的金融扶持政策，营改增后部分服务企业因内部人力成本支出无法抵扣，导致企业实际税负不减反增，影响企业经营活动。

3. 中高端服务业人才供给不足

随着我国产业逐渐向中高端迈进，以及多样化多层次服务需求不断增长，复合型、专业型人才的缺口在不断扩大。目前，我国服务业人才总体上呈现数量少、质量差的特点，高端人才供给不足，人才结构有待优化等问题亟待解决。因此，需要进一步支持国内高校、职业院校加强服务业相关专业学科的建设，以及服务业人才培养基地的建设，构建更加健全的人才支持体系。同时，也可以探索职业资格的国际互认，推动国内外专业人才和专业服务更加便利地流动，构建更具国际化的人才体系。

4. 服务贸易发展滞后

当前，我国经济已由高速增长阶段转向高质量发展阶段，服务业和服务贸易是高质量发展的重要体现。在我国服务贸易构成中，运输、旅游、其他商业服务等传统服务贸易部门占比较大，而金融、保险、咨询、邮电、航空运输、专业服务等技术、知识、资本密集型服务贸易的比重不足。这表明我国服务贸易发展不平衡，传统服务贸易比重较大，现代服务贸易相对滞后。同时，近年来我国服务贸易虽然规模增长较快，但是由于服务业发展水平低和国内对服务的旺盛需求，服务贸易进口增加迅猛，贸易收支一直不平衡，进出口总额持续保持逆差，加上规模的不断扩大，逆差额正在逐年增大。作为发展中国家，我国的服务贸易发展远远滞后于货物贸易，特别是在服务外包等领域、工业设计、通信等领域发展较为缓慢。

（四）先进制造业与现代服务业融合的趋势研判

1. 先进制造业日趋高科技化

一是信息革命和信息化技术的飞速发展，加速制造业高科技化。先进制造业日趋高科技化集中表现为工业产品在研发、生产过程中的数字化科技含量大幅提升，数字化科技的应用也极大地提升了工业产品的研发生产效率。如虚拟现实、快速原型、数据库和多媒体等多种数字化技术可以对产品信息、工艺信息与资源信息进行分析、规划与重组，对产品设计和产品功能的仿真，对加工过程与生产组织过程的仿真，或完成原型制造，从而实现生产过程的快速重组与对市场的快速响应。以波音 777 为例，相比耗费大量金钱和时间完成的波音 767，波音 777 全部采用计算机设计，大大提升了研发、设计、制造效率，成为首台无图纸飞机上线的典范。

二是基础科学的发展对先进制造业的影响日益显著。新学科、新材料、新工艺成为新技术、新产品和新产业的科学技术基础，也是决定先进制造业走向的核心基础。如数字技术科学的发展，推动了制造产品的性能优化。美国通用电气公司采用超级计算机模拟优化，用 50 万到 100 万 CPU 时间模拟和优化了航空发动机喷嘴的燃烧过程，大大降低了制造成本。新材料科学的发展，决定了工业品可靠性及极端条件下耐受能力的提升。以航空发动机为例，发动机研发需要依托耐高温技术，需要在叶片上有冷却，表面要经过陶瓷涂层并保持 300℃以上的高温，可确保叶片工作在 1700℃的温度上。

三是科学引领企业将创新成果应用于制造环节。美国兰德公司在成立 60 多年来的时间里，一直持续关注引起全球瞩目的新科技革命等热点问题，总能在第一时间提出"最理性的"解决方案。一系列大胆、理性、成功的研究报告帮助美国军工企业甚至美国政府，厘清新科技革命的最新发展动向，对快速应对和转化最新先进制造技术做好充分准备。又如 IBM Research 在人工智能技术上的持续跟踪，极大地提升了美国制造业企业在人工智能芯片方面的研发和制造效率。以 IBM Research 的 AI 团队于 2018 年 6 月发表在顶级学术期刊《Nature》中的一篇论文为例，文中提出的全新芯片设计可以通过在数据存储的位置执行计算来加速全连接神经网络的训练，这种芯片可以达到GPU 280 倍的能源效率，并在同样面积上实现 100 倍的算力。相关人员认为这是在下一次 AI 突破所需要的硬件加速器发展道路上迈出的重要一步。

2. 两业发展边界趋于模糊

一是制造即服务。在软性制造技术的发展和推动下，制造业的概念和附加值正在不断从硬件制造和销售本身，向"硬件＋软件、服务、解决方案"这一方向转移。相对于传统制造业，当前的制造业是软件技术带动硬件功能、控制硬件更大的发展空间，对硬件造成极大影响。同时，与以往的硬件商品有所不同，目前的制造业中，对商品附属的服务或者基于商品解决方案的需求正在快速增加。所谓软性制造，就是增加产品附加价值，拓展更多、更丰富的服务与解决方案。因为相对于硬件，产品内置的软件、附带的服务或者解决方案通常是软性和无形的。在软性制造中，不再将"硬件"生产视为制造业，而是认为"软件"在制造业中不断发挥主导作用，商品产生的服务或解决方案对制造业的价值带来巨大影响。这也决定了未来的制造业需要放弃传统的"硬件式"的思维模式，更多从软件、服务产生附加值的角度去发展制造业。

二是发展软件产业成为先进制造业的重要组成部分。近年来，发达国家不断用软件定义产品功能和性能，增强对以软件为主导的创新的重视程度，使得制造业产品产生价值的来源从硬件转移到了以软件为主导，因而也提升了制造业的进入门槛。电子产品就是一个典型代表案例，产品中大多预装了操作系统，嵌入各种软件功能，许多电子产品通过联网还能安装更多应用软件（App）。目前，就连在汽车产业这样的传统制造业领域，"软件决定产品价值"也不断得到体现。为了实现汽车的低耗油驾驶，由软件来协同控制汽车零部件中的各种硬件的技术模块化，软件执行效果的好坏直接影响到汽车的油耗。自动驾驶，就更离不开软件帮忙。美国企业软性制造方面的趋势表现最为明显，GE、IBM 等美国企业很早就开始重视软件的作用。GE 跳出制造业的思维模式，致力于软件投入，已成为数据分析软件公司。IBM 更为领先，认为管理海量数据的时代即将到来，极为重视公司在数学上的解析能力。欧洲也很早就意识到未来制造业产生全球化竞争能力的根源是软件。在欧盟的框架计划中，为嵌入式软件的基础研究项目设定的投入高达 27 亿欧元。西门子、博世等大型企业也摇身变为 IT 企业。

三是大型、高端的"工业软件"和"工业 App"成为核心技术。"工业软件"和"工业 App"背后所代表的工业技术软件化是工业技术、工艺经验、制造知识和方法的显性化、数字化和系统化过程，支配着整个工业的价值链体系，从需求分析、概念设计、方案设计、产品设计、试制试验、工艺设计与生产、交付与运行服务，直至回收全过程。工业技术软件化的成熟度代表了一个国家工业化能力和水平，这是一种典型的人类使用知识和机器使用知识的技术泛在化过程。对于我国而言，工业技术的软件化，是我国先进制造业走向强国之列的必由之路，而实现工业互联网和工业云，是我们搭建平台，实现全球共融和推动产业发展的重要基础。当前在发达国家的工业和制造业领域，"工业软件"和"工业 App"早已被视为凝聚核心竞争力的关键所在。以波音公司为例，波音 777 是世界首架全数字化飞机，全机在产品研发中全流程使用了近 8000 种各类工业软件，其中 7000 多种涵盖了工业技术的软件，是波音公司飞机研制的关键技术，沉淀了波音公司的核心技术。

3. 高端制造服务业成为发展重点

高端制造服务业以智力服务为中心，具备技术密集、知识密集、资本密集、高附加值、低资源消耗、低环境污染、高聚集性和高产业带动力等特点，对于持续提升先进制造业竞争力具有显著效应。高端制造服务业使得先进制造业与现代服务业的相互依赖关系越来越强，就单个制造企业而言，高端制造服务业的发展会使得其价值链呈缩短趋势，因此企业会更关注核心竞争优势的创造和企业市场响应能力的提升，从而增强市场竞争力。

软件服务业是发展重点。作为知识和技能的高度集成，软件服务于先进制造业的全生命周期，故而成为高端制造服务业的发展重点。以德国为例，近年来德国服务业发展最为迅猛的便属本土的软件与 IT 服务业，预计在 2010—2030 年间将创造 45 万个工作岗位，到 2030 年就业人数将达到约 100 万人，超过德国机械制造（95 万人）和汽车制造（89 万人）等传统优势行业。德国西门子、SAP 等世界知名企业在向解决方案供给商转型后，重点发

展的便是工业软件。如在近几届的汉诺威工业展上，西门子在推广工业 4.0
的同时，不会忘记推销自家现成的软件产品和方案，其涵盖从产品设计、生
产规划、工艺工程、生产执行和服务的数字化软件方案。相比之下，我国生
产性服务业中与发达国家差距最大的便是软件服务业，高端 ERP、PLM 等长
期被国外工业软件企业垄断是我国高端制造服务业亟待扭转的现状，也是我
国先进制造业迫切需要解决的环节。

4. 两业融合推动要素供给体系变化

两业深度融合推动科技、人才、资本和体制机制等要素供给变革。在科
技方面，各国纷纷将研发重点锁定在网络与信息技术领域。如日本近年来提
出"超智能社会5.0"构想和"工业互联"计划，引导工业领域数字化进程，
推动物联网、人工智能、机器人、工厂智能化等领域科技研发。资金方面，
软件和信息技术领域成为发达国家资金支持的重点。如 2019 年 3 月美国联邦
政府公布的 2020 年财政预算，突出强调将人工智能、量子计算、5G 宽带和
国家安全技术作为政府资金支持的重中之重。其中，在涉及信息与通信技术、
电子技术、材料与生物技术等应用领域投入 14.69 亿美元，同比增长 4.3％；
在涉及先进电子技术、指控与通信技术、网络中心站技术等先期技术开发领
域，投入资金 15.19 亿美元，同比增长 3.3％。人才教育方面，教育的数字化
转型成为发达国家纷纷开始着力布局的领域。如美国纽约市教育局在 2017 年
宣布，将在 2017－2018 学年进一步加强小学初级软件工程教育。该项教育通
过计算机模拟教学活动，如课堂上引导学生借助代码、机器人等完成任务学
习，了解计算机科学的基本概念。体制机制方面，发达国家近年来纷纷出台
政策，完善促进两业融合发展的各项举措。如在加强两业融合发展的标准和
规范建设方面，美国建立营运模式共创与知识交流的平台，向企业推广制造
业服务化运作模式；日本政府制定 25 种与企业相关的认证体系，通过组建行
业协会来加强和完善制造服务业市场的管理。

第三章　思路与重点

（一）总体思路

推进先进制造业与现代服务业深度融合要遵循具体问题具体分析、市场机制与政府作用相结合、因产因企因地制宜、开放共享与合作包容等原则，坚持问题导向、需求导向、效率导向、竞争导向，把握战略性、宏观性、全面性、系统性、多层次性、动态性和时代性的特点，全面深化改革、扩大开放，构建有利于融合创新的体制机制和政策环境，加快促进先进制造业与现代服务业的精准定位，围绕专业化、协同化、集成化、智能化、平台化、定制化、网络化等发展路径，多维度多方位多层次多环节地推动融合，催生一批新技术、新平台、新业态、新模式，加快形成经济发展新动能，着力解决制造业和服务业分散发展、协同不足、衔接不畅、模式滞后、缺乏竞争力等问题，推动制造业和服务业的质量变革、效率变革与动力变革，加快制造强国建设步伐，着力解决发展不平衡不充分的问题，在更高水平上更好满足人民日益增长的美好生活需要。

1. 专业化：制造企业基于核心技术优势拓展专业化社会化服务路径

一大批拥有核心技术和专业技术优势的制造业企业，将逐步依靠自己的资源和核心优势，发展面向行业的研发设计、检验检测认证、知识产权和专业技术服务等社会化服务，从而由制造企业向"制造＋服务"企业转型。这条路径主要集中在电子、仪器、节能环保等生产企业，他们通过积极发展面向市场需求的测试、检验、计量，由传统设备制造商进一步拓展为专业化社会化服务的平台服务商。

2. 协同化：以制造业流程外包促进制造和服务供应链一体化发展路径

随着全球经济一体化进程不断加快，以及工业组织结构的变化，全球制造业的分工越来越专业化，单一制造企业参与整个产品的研发与制造流程已经没有任何意义。越来越多的企业开始将生产活动集中在企业内部，把生产过程中的一个环节委托给其他的生产企业，从而使生产、加工、装配等生产过程中的各个环节得到更好的解决。在制造外包与协同制造模式下，企业间的加工制造服务、互为服务，可以通过动态的协作来优化资源配置，从而构成协同制造网络。在此基础上，制造业企业将部分生产服务业务外包到服务型企业，再将分散的生产与服务资源进行集成，进而形成一个更具竞争力的产品服务体系。

3. 集成化：基于产品全生命周期管理和系统解决方案的全价值链综合集成路径

产品全生命周期管理（PLM）是从产品价值管理的角度，通过整合从产品需求导入、研发设计、生产制造、物流、营销、退货和回收全过程的产业链资源，实现产品经济价值和社会生态价值最大化。系统解决方案服务一般是指为满足客户需求而提供一体化的产品设计、方案咨询、系统设计、产品和设备提供、系统安装与调试、故障诊断、运行维护等系统性、集成化整体解决方案，典型的业务类型有总集成、总承包服务，合同能源管理、节能管理服务等。无论是产品全生命周期管理还是系统解决方案服务，均从价值链上实现了制造与服务的综合集成，也使得传统的制造企业从产品提供商向产品与服务综合服务提供商转变。

4. 智能化：基于智能化产品和装备的制造与服务功能一体化路径

随着数字经济、智能经济的发展，传统产品已经发生了深刻变化，"软件定义一切"使得产品具有了智能化的特征，并为传统产品提供数字化、智能化的服务，从而在底层实现了生产和服务的深度融合。随着云计算、大数据、物联网、人工智能等新一代信息技术与智能化技术的不断应用与发展，推动传统产品不断向智能化方向发展。例如，智能手机、智能手表、智能眼镜、智能音箱等产品，都具备综合性、多功能、智能化的服务功能，超出了传统的单一功能。随着5G商用和智能制造、工业互联网的快速发展，智能产品、系统、装备将越来越普遍。当前，部分先进的设备生产企业已开始主动提供在线技术支持、数据分析、远程诊断与维护等服务，并对以大数据为基础的生产模式和以数据为基础的服务方式进行创新。

5. 平台化：基于产业互联网平台的制造和服务资源整合路径

在数字经济时代，工业互联网平台是实现制造业和服务业一体化的重要载体，通过打通设计、生产、流通、消费、服务等各个环节，构建基于云平台的海量数据采集、汇聚、分析服务体系，支撑制造和服务资源的泛在连接、弹性供给和高效配置。通过工业互联网平台，不但可以实现"产品（设备）＋服务"的整合发展，构建"制造＋服务"的产业链，还能吸引全球的开发者、生产者和消费者，进一步打造出价值共创共享的创新创业生态，真正实现制造与服务全方位、高水平的融合创新发展。

6. 定制化：基于客户深度参与的产品个性化定制路径

大批量定制生产是基于网络、大数据平台、柔性生产线的基础上，把顾客的个性化要求融入到产品的设计与制造中，实现个性化的产品设计与定制，从而提高企业的盈利能力和市场竞争力。大规模个性化将推动消费者更深入地参与到产品的生产中，甚至可以从消费者的角度来考虑产品的创意和设计，从而准确地反映真实需要，提高产品的附加值，提升用户体验，增强企业的市场竞争力，是目前制造业和服务业融合发展的主要途径。

7. 网络化：基于研发、创意、设计、品牌等服务优势的生产制造网络拓展路径

现代生产性服务企业，如科技企业、设计企业、互联网信息服务企业，利用自身的研发、设计、品牌和网络优势，进一步整合制造资源，形成基于核心技术和品牌的生产制造网络，进而发展成为轻资产的产品和综合服务提供商。在此过程中，企业的生产和服务能力将会得到深度的融合。例如，许多信息服务企业、互联网企业，乃至某些知名的消费品品牌企业，都没有自己的生产基地，但却在设计、产品、服务等方面不断创新，建立起以消费者为核心的网络协同制造服务，从而形成了独特的业务模式和竞争优势。未来，随着3D打印技术等新技术的进一步突破，以及应用推广的成本不断下降，生产门槛也将会进一步降低，以创意和设计为引领来推动制造业和服务业的融合将会有更大的发展。

（二）发展重点

1. 强化关键战略技术攻关，培育发展高端制造服务

（1）大力发展高端制造服务，助推智能制造发展

推动两业深度融合的重点在于培育、发展高端制造服务业。通过支持高端制造服务业的发展推动先进制造业与现代服务业深度融合，助推智能制造发展，进一步实现先进制造业的高质量发展。高端制造服务业是指由新科学、新技术发展催生的，以技术服务、信息服务和知识服务为主体，服务于先进制造业与现代服务业深度融合过程，以知识化和专业化为保障，提供高质量、高技术含量和高附加值的新兴高端服务业领域。高端制造服务业是知识密集型服务业与高技术产业的交集，是现代服务业中面向先进制造业发展的部分，是综合运用高新前沿科技的知识密集型服务业。归纳来看，高端制造服务业具有如下特征与内涵：

一是高端制造服务业具有创新型产业与高新技术产业的一般特征。高端

制造服务业的主要经营活动特点在于通过研发新技术新装备、应用新技术和新的管理方式为先进制造业提供服务，需要重点创新服务工艺、服务产品、服务技术，因此表现出较高的科技研发投入、较高的专利申请活动和较高的研发人员占比。因此可以看出，高端制造服务业是创新型产业与高新技术产业的重要组成部分，具备高新技术产业的一般特征。

二是高端制造服务业具有服务业特征，仍属于服务业范畴。高端制造服务业的主要经营活动是为先进制造业的发展提供服务或基于先进制造业的装备或产品提供相关服务，其所提供的服务在生产、分配、交换和消费诸多环节没有明显的时间继起性的先后次序之分，常常在时间、空间上并存，并且其消费基本不产生废物、不造成污染，因此仍属于服务业范畴。但与其他服务业相比，高端制造服务业的服务手段更为先进、服务内容更为新颖、科技含量和附加值更高。

三是高端制造服务业与先进制造业的价值链紧密相连。先进制造业是高端制造服务业形成和发展的前提条件，同时高端制造服务业绝大多数也是先进制造业价值链的一部分，是先进制造业在创造市场过程中不断扩大形成的。技术水平不断提高的产物，是先进制造业内涵不断深化的结果。其他服务业领域虽然也能够对先进制造业的发展提供一定的支撑，但他们的运营并不必要依赖高技术手段或高技术设备，并且与先进制造业价值链的关联度较小，对先进制造业的发展依附性也较弱。

四是随着先进制造业的发展，高端制造服务业内涵和外延不断产生新的变化。从上述三个特点我们不难发现，由于高端制造服务业密切结合了先进制造业，其内涵和概念外延也随着先进制造技术和先进制造业的发展产生新的变化。随着科技的进步，一些新的先进制造业领域和模式逐步形成，这也需要新的高端制造服务业与之配套和支撑，而高端制造服务业的发展也会进一步激活和带动先进制造业的发展，因此伴随着先进制造业的发展，高端制造服务业的内涵和外延也不断发生新的变化。

高端制造服务业是面向先进制造业与现代服务业的深度融合而形成的新兴现代服务业形态，其与现代服务业、生产性服务业、现代制造服务业、高端服务业等产业门类在概念、内涵等方面均具有一定的差异，如表3—1所示：

表 3-1　高端制造服务业与其他几大服务业概念之间的关系

产业门类	文件出处	产业概述	与高端制造服务业之间的关系
生产性服务业	国民经济和社会发展"十一五"规划中提出生产性服务业	包括交通运输业、现代物流业、金融服务业、信息服务业和商务服务业	生产性服务业是面向生产过程的服务业领域,因此高端制造服务业大部分门类和领域均属于生产性服务业
现代服务业	最早1997年党的十五大报告,在2012年科技部70号文中给予明确	以现代科学技术特别是信息网络技术为主要支撑,建立在新的商业模式、服务方式和管理方法基础上的服务产业。它既包括随着技术发展而产生的新兴服务业态,也包括运用现代技术对传统服务业的改造和提升	现代服务业外延较大,具有"两新四高"的特征,因此高端制造服务业属于现代服务业范畴
现代制造服务业	2009年国家《制造业调整和振兴规划》中七项重点工作之一	发展现代制造服务业。围绕产业转型升级,支持装备制造骨干企业在工程承包、系统集成、设备租赁、提供解决方案、再制造等方面开展增值服务,逐步实现由生产型制造向服务型制造转变。鼓励有条件的企业,延伸扩展研发、设计、信息化服务等业务,为其他企业提供社会化服务	高端制造服务业是现代制造业在先进制造业发展的过程中的高级形态,在产业发展上更为突出支撑先进制造业和先进制造技术

续表

产业门类	文件出处	产业概述	与高端制造服务业之间的关系
知识服务业	中国国务院发展研究中心2001年7月3日第99号调查研究报告	知识密集型服务业是运用互联网、电子商务等信息化手段的现代知识服务业,其产品价值体现在信息服务的输送和知识产权上,包括金融、保险、教育、咨询、信息电信、物流配送、计算机软件与信息加工服务、研究开发与测试服务、市场服务、商务组织服务和人力资源开发服务等知识含量较高,需要一定专业技术水平和科研水平的服务行业	高端制造服务业属于知识服务业的交集,两者具有交叉
高技术服务业	2001年国办58号文提出《关于加快发展高技术服务业的指导意见》	高技术服务业是以创新为核心,以中小企业为实施主体,围绕产业集群的发展,旨在促进传统产业升级、产业结构优化调整的进程中采用现代经营管理理念和商业模式,运用信息手段和高新技术,为生产和市场发展提供专业化增值服务的知识密集型新兴产业	高技术服务业其核心在于应用高新技术,从内涵来看高端制造服务业部分门类属于高技术服务业范畴,可以看作"为发展先进制造业的高技术服务业"。而高技术服务业的外延大于高端制造服务业
高端服务业	最早2007年深圳市提出	高端服务业具有高的科技含量、高人力资本投入、高附加值、高产业带动力、高开放度、低资源消耗、低环境污染等特征,之后便以此为据对高端服务业进行界定	高端服务业为地方概念,目前尚没有上升到国家概念,其界定标准为科技含量、人力资本投入等方面。可以看出,高端制造服务业的定义,属于高端服务业范畴

（2）加快新业态培育，强化高端制造服务延伸发展

在遵循先进制造业发展趋势和科学技术发展方向的基础上，对高端制造服务业产生的新业态、先进制造产业自身发展过程中逐步演进形成的新业态以及与之相关的基于知识生产与专业技术服务形成的新业态进行分类探讨，按照高端制造服务业的重点领域和主要方向，将高端制造服务业分为知识服务、信息服务、专业技能服务、资源整合服务、第三方服务五类。

其中，知识服务围绕在先进制造业产业发展过程中形成的知识（包括科学、技术、工程化产业化路径等），通过专业的服务供给进行赋能，推动新知识在先进制造业的应用与扩展。高端制造服务业中，知识服务主要包括智能制造系统改造、科学研发服务、技术推广、科技中介、知识产权服务等门类及业态。

信息服务主要是围绕在先进制造业产业发展过程中的信息流，应用新一代信息技术对信息进行收集、存储、开发及应用，通过对先进制造业价值链和产业链中有效的信息环节，推动先进制造产业链的整合发展。高端制造服务业中，信息服务主要包括工业互联网研究开发、先进制造业信息内容服务、软件和数据库开发服务、系统集成服务等。

专业技能服务主要是面向先进制造业及先进制造企业的产品附加值及运作效率的提升需求，利用现代服务业中具有较强专业性的工具和手段对先进制造业进行服务的领域，通常包括面向产品的工业设计、概念设计及面向企业运作的会计、审计、资信评估、投资咨询、管理咨询等专业技能服务。

资源整合服务是指面向先进制造业集群的运作需求，为先进制造业企业提供的资源配置及整合服务领域，包括现代服务物流、电子商务、企业商业服务（包括办公流程外包、服务呼叫中心）及面向资金链条整合的金融服务、投融资服务等。

第三方服务是高端制造服务业的特殊业态，随着先进制造业的发展及高端制造服务业的进一步升级，目前高端制造服务业内部也开始逐步分化出第三方，甚至第四方服务提供商，专门高端制造服务型企业提供服务，这也是高端制造服务业进入网格化、集群化发展的重要标志。

（3）推动技术升级，构建战略装备关键服务攻关体系

关键战略性技术装备是技术难度大、成套性强、对全球产业地位提升具有重大意义、对国计民生具有重要影响的成套装备。作为先进制造业的代表，关键战略技术装备都是多种高新技术集合、优化的产物，产业链长、价值链

复杂，因此在关键战略技术装备的设计研发、生产制造及运用维护等方面都需要高端服务业的参与和支持。同时，作为国家综合国力的体现，关键战略技术装备往往体现国家意志或政府行为，能够有效增强产业的自主创新能力和核心竞争力，因此在推动关键技术装备的研发设计生产过程中，应有意识地推动与支持高端制造服务业的专业化发展，以关键战略性技术装备为牵引，实现我国高端制造服务业的跃升式发展（表3-2）。

表3-2 重大战略装备牵引下两业深度融合技术及服务

大类	细分类目	重大技术装备	两业融合关键技术	两业融合重点服务
新一代信息技术	集成电路及专用设备	光刻机、刻蚀机、离子注入机、退火设备、单晶生长设备、薄膜生长设备、化学机械抛光设备、高密度封装设备、测试设备	集成电路可制造性设计关键技术、新器件研发技术、先进仿真和模拟技术、EUV光刻工艺及OPC技术、先进集成工艺技术、倒装封装技术	芯片设计、传感器创新平台、集成电路工艺和材料共性技术创新、集成电路产业计量检测创新服务、集成电路制造装备、材料一体化应用验证
	信息通信设备	无线移动通信设备、新一代网络设备、高性能计算机与服务器	超密集组网技术、新型多址接入技术、高频段通信技术、终端间通信技术、新型核心网架构技术、5G增强型技术、大容量光交换技术、网络测量感知技术、高速光传输技术、大端口处理器高速互联技术、多维度/多类型大数据融合技术、量子计算技术和人工智能技术	5G关键技术综合验证、智能硬件共性关键技术创新、服务器系统安全技术与检测验证公共服务、计算机及信息系统信息与系统安全技术验证

大类	细分类目	重大技术装备	两业融合关键技术	两业融合重点服务
新一代信息技术	操作系统与工业软件	—	产品创新开发、智能控制与分析优化、装备智能服务技术、"端到端"的工业软件安全技术、工业基础资源库与标准化技术、嵌入式操作系统技术、设备端智能化技术、工业大数据管理与分析技术、数据驱动的构件组合技术	工业云服务、科学软件、工业互联网
	智能制造核心信息设备	智能制造基础通信设备、智能制造控制系统、新型工业传感器、制造物流设备、仪器仪表和检测设备、制造信息安全保障产品	制造信息互联互通标准与接口技术、传感器无线通信技术、传感器信号处理技术、人工智能技术、增强现实技术	新型显示关键基础技术研发及验证、新型显示共性技术创新

大类	细分类目	重大技术装备	两业融合关键技术	两业融合重点服务
高档数控机床和机器人	高档数控机床与基础制造装备	电子信息设备加工装备、航空航天装备大型结构件制造与装配装备、航空发动机制造关键装备、船舶及海洋工程装备关键制造装备、轨道交通装备关键零部件成套加工装备、汽车关键零部件加工成套装备及生产线、汽车四大工艺总成生产线、大容量电力装备制造装备、工程及农业机械生产线、增材制造装备	数字化协同设计及3D/4D全制造流程仿真技术、精密及超精密机床的可靠性及精度保持技术、100%在线检测技术	数控机床共性技术协同创新、先进成形工艺创新、齿轮传动共性基础技术研发与应用、齿轮产品可靠性试验测试服务

续表

大类	细分类目	重大技术装备	两业融合关键技术	两业融合重点服务
高档数控机床和机器人	机器人	工业机器人、服务机器人、新一代机器人、谐波减速器、高速高性能机器人控制器、伺服驱动器、高精度机器人专用伺服电机	人机交互技术、多工业机器人协作技术、机器人及其关键零部件性能检测技术、集成应用技术	开放式机器人基础技术服务、机器人检测与评定
航空航天装备	飞机	干线飞机、支线飞机、通用飞机、直升机和无人机等	绿色环保飞行器综合设计与验证技术、飞行器复合材料典型主体结构设计、制造与验证技术、高舒适直升机动力学设计与验证技术、健康监测、智能维护系统与客户产品资源综合集成应用技术	异地协同设计制造、设计优化及产品全寿命健康管理中心、民用飞机技术集成飞行验证
	航空发动机	大涵道比大型涡扇发动机、中/小型涡扇/涡喷发动机、中/大功率涡轴发动机、大功率涡桨发动机、航空活塞发动机	先进总体设计及验证技术、先进航空发动机设计/试验/综合维护保障技术	航空发动机智慧创新、建成智能化的产品设计/制造/试验/服务保障一体化

大类	细分类目	重大技术装备	两业融合关键技术	两业融合重点服务
航空航天装备	航空机载设备与系统	航空电子、飞行控制和航空机电系统以及航空材料和元器件	航电系统总体设计技术、综合模块化航电系统（IMA）技术、综合飞行控制系统技术、多电体系下机电系统技术	航电自动化设计、航空机载系统集成验证
	航天装备	运载火箭,卫星、飞船、深空探测器等空间飞行器以及相关地面设备	重型运载火箭总体设计及验证技术、天地一体化系统及组网技术、先进卫星技术、载人航天及在轨维护与服务关键技术、深空探测关键技术	北斗地面辅助系统、宇航材料可靠性验证评价评估
海洋工程装备及高技术船舶	海洋工程装备及高技术船舶	海洋空间综合立体观测系统、海洋油气资源开发装备、海洋矿产资源开发装备、海洋可再生能源开发装备、海上岛礁利用和安全保障装备、深远海探测与考察装备、	新材料与船体结构轻量化设计技术、深远海信息传输技术、水下安装定位技术、安全与可靠性技术、数值水池技术、船型优化节能技术、船舶推进装置设计技术、可再生/清洁能源利用技术、船舶智能设计制造技术	深海工程装备公共试验/检测、海洋工程装备试验技术、基于大数据的高技术全波质量与可靠性信息收集分析、海洋及船舶全寿期安全监测及评估分析

大类	细分类目	重大技术装备	两业融合关键技术	两业融合重点服务
		深远海渔业养殖/海洋食品与海洋医药装备、超级生态环保船舶、极地运输船舶、远洋渔业船舶、高性能执法作业船舶、大型豪华游船、大型LNG燃料动力船、船用大型低速发动机、水下生产控制系统、水下专用作业装备与设备		
先进轨道交通装备	先进轨道交通装备	中国标准高速动车组、30吨轴重重载电力机车、城际快速动车组、100%低地板现代有轨电车、中低速磁悬浮系统、列车制动系统、通信信号装备	新型车辆车体技术、电传动系统技术、制动系统技术、列车网络控制技术、通信信号技术	轨道交通列车通信与运行控制创新、轨道交通系统计量检验检测创新

大类	细分类目	重大技术装备	两业融合关键技术	两业融合重点服务
节能与新能源汽车	节能汽车	节能内燃动力乘用车、混合动力乘用车、节能柴油商用车、混合动力商用车、替代燃料汽车、高效内燃机、混合动力电机/电池/专用发动机、高效自动变速器	整车集成技术、动力技术、传动技术、低阻力技术	节能与新能源电池碰撞安全性测试服务、节能与新能源关键材料和零部件计量测试创新服务
	新能源汽车	纯电动汽车、插电式混合动力汽车、燃料电池汽车、驱动电机、增程式发动机	整车集成技术、电驱动系统技术、能量存储系统技术、燃料电池系统技术	产业共性技术创新、节能与新能源汽车混合动力技术创新、汽车气动－声学性能开发和试验检测技术基础公共服务
	智能网联汽车	基于网联的车载智能信息服务系统、驾驶辅助级智能汽车、部分或高度自动驾驶级智能汽车、完全自主驾驶级智能汽车、智慧出行用车	多源信息融合技术、车辆协同控制技术、数据安全及软件、人机交互与共驾技术	智能网联汽车共性基础研发、基于宽带移动互联网的智能汽车和智慧交通应用公共服务

续表

大类	细分类目	重大技术装备	两业融合关键技术	两业融合重点服务
电力装备	发电装备	清洁高效煤电成套装备、重型燃气轮机发电装备、大型先进核电成套装备、大型先进水电成套装备、可再生能源发电装备	清洁高效煤电技术、核电共性技术、太阳能换热系统智能控制技术、系统集成技术	超(超)临界火电机组、CAP1400核电机组用安全阀试验服务、大功率可变转速发电电动机基础技术
	输变电装备	特高压输变电设备、智能输变电设备、智能电网用户端设备	智能化技术、可靠性技术、数字仿真技术、标准及试验检测技术	输变电运维、输配电行业共享服务
农业装备	农业装备	新型高效拖拉机、变量施肥播种机械、精量植保机械、高效能收获机械、种子繁育与精细选别机械、节能保质运贮机械、畜禽养殖机械、农产品加工机械	农业机械数字化设计实验验证技术、农业机械可靠性技术、农业机械关键零部件标准验证技术、农业机械传感与控制技术	研发、设计、检测、标准等服务、农机专用测控传感器等关键零部件计量测试创新服务

大类	细分类目	重大技术装备	两业融合关键技术	两业融合重点服务
新材料	先进基础材料	先进钢铁材料、先进有色金属材料、先进石化材料、先进建筑材料、先进轻工材料、先进纺织材料	先进基础材料设计、制造及应用评价系列关键技术，添加剂分子设计、开发与应用技术，生物基橡胶合成技术	高性能特种金属材料及其应用技术创新、绿色建材推广应用服务
	关键战略材料	高端装备用特种合金、高性能分离膜材料、高性能纤维及复合材料、新型能源材料、新一代生物医用材料、电子陶瓷和人工晶体、稀土功能材料、先进半导体材料、显示材料	大尺寸异形截面复合材料的设计、验证与制造技术，新一代高温合金关键技术，太阳能转换技术，稀土高效分离提纯技术，石墨烯基电极材料的复合技术	先进复合材料及其应用技术创新
	前沿新材料	3D打印用材料、超导材料、智能仿生与超材料、石墨烯材料	智能仿生技术、高性能超导线材结构设计及批量化加工控制技术，具有智能化和仿生特性的自适应可控式超材料的联合设计技术	新材料性能测试评价、新材料产业计量检测创新服务

大类	细分类目	重大技术装备	两业融合关键技术	两业融合重点服务
生物医药及高性能医疗器械	生物医药	基因药物、单抗/蛋白药物、疫苗、小分子化学药物和中药	基于疾病靶点网络、反向分子对接等药物新靶标发现与确证技术,基于细胞和靶标的药代动力学以及药代/药效/毒性三位一体的成药性评价技术,基于新靶点/新结构/新功能的抗体、蛋白、多肽、核酸及免疫细胞治疗等创新生物技术药物研制新技术,抗体/蛋白质药物产业化工程链技术,基于个体基因信息和分子标志物的精准治疗共性技术	医药研发公共资源、工业制剂技术研发、医药制剂国际化发展技术、医药绿色制造技术研究
	高性能医疗器械	数字化医疗影像设备、生物工程和医疗生产专用设备、临床检验设备、先进治疗设备、健康监测、远程医疗和康复设备	可靠性保证技术、健康互联网技术、健康大数据技术、3D 打印技术	医疗器械产业发展公共平台、数字化普及型医疗设备公共服务、生物医药及高性能医疗器械关键材料和零部件计量测试创新服务平台

2. 基于工业设计创新,创造先进制造业的需求空间

设计驱动创新是全球范围内制造业创新的重要趋势。一般性的制造只是生产出满足特定功能要求的必需品,而优良的制造更懂得需求的设计,才能

供给出有更高效用的产品和服务，这是"中国制造"向"中国创造"升级的核心。2015 年国际设计组织提出，工业设计是指将创新、技术、商业、研究及消费者紧密联系在一起，共同进行创造性活动。良好的工业设计须综合制造上下游各环节得到的信息，准确描绘并预测顾客的需求变化。在跨国企业和领先的制造企业中，往往更为重视核心设计部门。而在我国广大的中小型制造企业或代工类企业中，还普遍缺少专业的研发设计队伍和重点投入，这就制约了企业的进一步发展。打造有国际竞争力的先进制造业，形成引领需求和行业发展的影响力，须高度重视先进制造业与工业设计的深度融合。

（1）强化工业设计服务能力，提升先进制造业竞争力

设计驱动的制造和设计环节的良好分工协作，是制造业高质量发展的重要一环。良好的工业设计体系，不仅是制造能力的一部分，还可以在特定情况下"引领"乃至"创造"需求，甚至激起产业的变革。最好的例子就是基于全新工业设计理念的苹果公司 iPhone 触屏手机，迅速颠覆了全球传统手机产业。遍观全球知名的制造品牌，除了拥有先进的制造技术，这些品牌无不拥有良好的设计和服务。在工业设计、工艺美学、工业设计工程等方面，我国还缺少坚实的科技、产业和人才基础。为促进制造业转型升级，必须先拥有强大的工业设计服务业。相应地，一是要提升工业设计的教育研究水平。推动工业设计教学研究与工业实践的紧密结合，结合传统美学文化和现代工程科技发展，打造有全球影响力的工业设计教育研究基地。二是要强化工业设计产业化能力。鼓励发展重视工业设计的高端制造业，支持第三方工业设计企业的专业化、高端化、多样化、国际化发展，助力工业设计队伍建设，形成工业设计队伍/企业的多元化发展体系。

（2）鼓励工业设计云平台发展，促进云设计与云制造结合

自 20 世纪 90 年代以来，工业设计越来越成为基于工业设计软件开展的数字化设计，在工业设计的不同环节或不同领域需用到以美国企业为主的跨国公司的上百种工业设计软件。近年来，随着云计算的快速发展，工业设计软件的云化进程加速，相关模型和算法越来越丰富和完善；同时，云设计、云制造、云运维越来越多地结合在一起，形成更完整的云制造体系。在此过程中，我国也形成了一些自主的工业设计云平台，如数码大方等。但总体上，

工业设计云平台的发展远未满足我国快速发展的工业设计市场需求。下一步发展可从以下几个方面着手：一是持续推动 CAD、CAE、CAM 等工业设计软件的创新，特别是相关云平台的发展，加快制造技术和信息技术、智能技术的结合，形成有全球服务能力的工业设计软件供应商。二是大力推动工业设计软件及云平台的市场应用，以此促进先进制造业的流程优化和效率提升，最终推动制造业的价值体系的总体提升。

（3）鼓励设计众包、制造众包等创新，打造制造业发展新动能

在各类工业云平台和制造业各环节创新发展的过程中，出现了设计众包、制造众包等新模式，形成了分布式协同的新业态。在这些新平台基础上，传统制造企业的内部分工关系外部化，与上下游主体之间的关系更加灵活和紧密，协作关系、劳资关系、管理关系等经济关系发生着很多新变化。这些新业态引领了商业模式的创新，并有可能进一步引发制造业的产业变革。为推动设计众包与制造众包发展，要鼓励各类制造业众包平台的商业模式创新，支持开发者和用户基于新型众包平台进行协作，推动先进制造与研发设计的协同发展。对于这些众包平台之上产生的创新社会关系，鼓励平台完善相关法律服务，同时推动相关法律法规的适应性完善。

3. 重视智能运维服务，提升先进制造业的综合价值

改革开放以来，我国制造业取得了迅速发展，在各领域都涌现出不少有一定竞争力的优秀企业，但有限的运维售后能力和综合服务能力已成为一些制造企业进一步成长为业内龙头企业和国际领先企业的瓶颈。

先进制造与良好的运维售后服务是密不可分的。运维售后服务是制造业的产品价值的天然延伸。制造往往是提供在一个时点上有价值的产品，但产品是否像预期那样好用、是否持续好用、遇到问题时能否良好解决则取决于企业的运维售后服务水平。随着全球制造业的演进发展，制造企业的竞争正从制造环节延伸至产品制造及服务的全生命周期。将运维售后与制造、设计等环节有机结合，以实现制造和服务流程的快速迭代，更成为制造企业领先制胜的关键。发展高效、低成本及与制造紧密融合的运维服务业，助力先进制造业发展，需重点关注以下融合方向：

（1）倡导全生命周期价值理念，推动先进制造业全面发展

制造企业的经营导向源于其产品对客户价值的准确评估。客户或消费者使用或消费一种产品的最终体验，取决于该种产品的全生命周期价值。这一价值不仅包括制造出的产品的售价，还包括运维、相关体验、衍生服务等相关价值。对涵盖运维环节的产品全生命周期的制造价值理念的倡导，对于制造业高质量发展意义重大。

鼓励大中型制造企业重视运维售后服务体系的建设，并以之促进产品的设计和制造过程的改进。要将产品质量、使用寿命和运维售后服务质量等综合因素，作为全社会考量品牌价值、企业信用的重要评价因素，最终让产品使用寿命短、运维售后服务差的企业被市场和社会舆论所抛弃，让真正注重产品质量和客户价值的企业得到社会认可。要推动业内骨干企业树立涵盖运维售后环节的全生命周期的制造价值理念，提供有较高价值、综合价值的产品及服务。要基于全生命周期价值理念，推动企业管理变革，推动制造和运维售后环节在管理和业务流程上紧密衔接、深度融合、良性互动。

（2）推动智能运维服务业发展壮大，促进制造业核心竞争力提升

对于公共领域或信息系统的建设，有一个流行的观点认为"三分建设、七分运维"。尽管这一比喻并不一定具有普适性，但在建筑工程、大型制造装备系统、能源生产和供应网络、交通运输装备、信息系统、工程机械等重点领域，预测性的、线上线下结合的、与生产过程融合的智能运维愈加重要是显而易见的。

我国制造企业在对运维服务的重视程度、运维理念和管理方法、手段和专业性上还十分欠缺：运维常作为销售后的成本进行管理；维护和售后往往是在客户遇到问题咨询或报修后才被动启动，很少主动维护和售后；维护手段以现场维护为主，成本高、效率低；运维售后收集的问题信息较少用于迅速改进产品的设计和制造。

大力发展及应用智能运维，建立现代化的专业高效的运维服务体系，解决运维体系的若干短板问题，可从以下方面着手：一是鼓励有能力提供智能运维服务或平台的制造企业将运维售后业务单元独立出来，鼓励第三方智能运维服务提供商发展，建立开放性的工业运维云平台，形成理念和技术先进、

为全行业提供服务的企业。二是鼓励大中型制造企业与智能运维服务企业紧密协作，支持智能运维产业体系发展壮大，形成具有全国乃至全球影响力的运维服务领军企业。

（3）为智能运维管理建立更完善的数字化网络化基础

实现企业运维的智能化并非仅依靠第三方智能运维服务体系或简单的内部智能运维团队就能实现。企业真正的智能运维体系的形成需要企业内部、企业之间在数字化环境、运维流程、管理机制等方面的全面准备。其中的主要方面就是企业的数字化网络化基础，以及企业之间公共性的数字化网络化基础设施等。在这方面，我国工业企业的准备总体上很不充分。在实现工业4.0即智能化的路径上，我国很多中小型工业企业还处于工业3.0即信息化的阶段，还有的企业处于工业2.0即自动化的阶段。因此，构建较完善的数字化网络化基础，是建设我国工业智能运维体系的重要前提。为此，需在以下方面做好准备：

在现有基础上，鼓励制造业领军企业对制造的产品或装备、制造流程面向运维服务和综合价值升级。如利用嵌入式部件监督产品关键部件的位置、寿命和使用情况等工作状态关键参数，并进行分析，为客户提供预测性维护预警，既提高制造产品的质量和使用寿命，发挥产品最大使用价值，也为用于维修、售后的零部件开辟市场。鼓励大中型制造企业重视规划运维信息网络和平台的建设及升级，利用基础网络、业务平台和物联网为智能运维体系的建设建立良好基础。

4. 加速电子商务创新，保障先进制造业的价值实现

经过二十余年的发展，电子商务和先进制造业已形成了紧密的相互促进的关系。电子商务一方面从最终工业用户和消费者市场需求角度对先进制造业的发展提出了新动力，另一方面从加速制造业上下游流通角度支撑了先进制造业的发展。反观之，先进制造业既促进了实体经济投资和消费的升级，形成了电子商务繁荣发展的沃土，又以智能装备或系统直接支撑了电子商务的迅猛发展。先进制造业与电子商务的深度融合，必然是促进两者进一步发展的重点方向。未来可关注如下重点融合方向：

（1）鼓励工业电子商务进一步发展，提升流通效率

近年来，制造行业电子商务即工业电子商务平台取得了快速发展，但大部分电商平台在业务规模、核心能力、服务水平、经营模式等方面还存在着明显不足。与消费品领域的电子商务平台相比，工业品或生产要素领域的电子商务平台的供需双方数量相对有限，只有不同细分市场或不同区域市场的部分厂商或采购方具有一定的影响力，这使得不同工业品领域无法形成统一的电子商务市场。但多样化的工业电子商务市场也蕴藏着巨大的潜在发展空间，无论在国内市场还是在国际市场都是如此。未来可考虑推动以下重点方向发展：

一是鼓励在特定领域领先的制造企业面向最终用户发展电商业务（B2C自营）。如海尔、华为等公司都成立了自己的家电或3C商品商城，但在其他工业品领域，却比较缺乏。二是鼓励领先企业面向最终用户发展服务行业的、开放性的电子商务平台（B2C平台），结合物流金融等相关服务，创新商业业态。或鼓励领先企业基于供应链关系，建立电子商务协作平台（B2B平台），推动上下游生产要素和半成品的供应链协作创新。三是鼓励消费品制造企业面向消费者建立销售、运维等客户服务一体化平台（企业或行业B2C＋售后），以先进制造能力为依托，提升综合服务价值。

（2）培育C2M、ODM等制造和电子商务融合的创新业态

消费品电子商务领域是最具规模效应、发展最快、市场相对成熟、创新最活跃的商务领域。在国际和国内市场上，消费品电子商务与制造、设计等环节的紧密结合，正衍生出多种创新的模式和业态。电子商务环节与制造环节的深度融合，将实现客户与制造企业之间的直接连接，破除商务领域产品价值的"虚假"增值，形成商务环节的真正价值。可关注和推动以下新模式新业态的发展：一是鼓励基于工业互联网平台，发展用户驱动、面向需求的制造模式（C2M），推动"C2B＋制造"向C2M的跨越式发展。鼓励由电子商务衍生的ODM等新业态（如网易严选模式），打造新模式下基于全方位创新、面向综合价值的制造业全球竞争力。二是积极推动工业电子商务系统与制造企业管理控制系统的互通互动互融，提升制造企业的制造管理创新能力，提高先进制造业竞争力和盈利能力。

（3）利用先进制造支撑新型电子商务发展

传统电子商务系统需要数据中心、云平台、终端设备等的支持，而新型电子商务领域更是如此。近几年，电子商务行业正在积极探索智能化创新，这些创新正源于设备、系统等先进制造业的创新支撑。例如，人脸识别自动售货机、无人超市、自动驾驶售货车等的探索，都依赖先进制造装备和系统的迭代支持。重视发展支撑电子商务发展的制造装备，可重点发展以下方向：一是鼓励自动售货终端设备的应用，创新服务业态，便利大众生活。二是支持电子商务云平台和网络计算设施的发展，促进云平台和算法的智能化，推动电子商务创新升级。三是鼓励新型电子商务业务集成系统的发展及应用，推动各类电子商务创新业态进一步探索和落地。

5. 发展新型金融服务，优化先进制造业的资源配置

近代以来，在全球范围内，制造业与金融业在企业及行业之间一直存在着紧密的互动关系。早期是通过信贷、投资等方式的资金或资本联系，二十世纪六七十年代以来则进一步发展出很多创新服务模式或业态。尽管发达国家的金融服务业一度衍生出相对独立的庞大生态体系，但 2008 年全球金融危机的爆发，给世界以警示：实体经济发展依然是金融发展的终极目标和基石。

新时代我国经济发展进入新常态，促进以先进制造业为核心的实体经济发展更是我国金融服务业发展的重要使命。因此，促进先进制造业与金融服务深度融合，首先是全方位促进对先进制造业的创新投资和融资。近年来，先进制造业与金融服务的融合还体现在科技金融等创新业态中。建议重点推动以下融合方向发展：

（1）促进供应链金融服务创新

在制造业的全球化和供应链上下游协作重组过程中，供应链金融这一与制造企业上下游供应链各环节紧密融合的新型服务业态快速发展。它打破了传统的融资租赁、保理等制造业外部金融服务的业务模式局限性，在交易基础、交易方式等方面都有所创新，有利于特定制造企业经营风险的分散化。在当前智能技术快速发展的背景下，供应链金融有潜力在制造业各环节更全方位、更深入地衔接并融合进金融服务，提供无缝的融资或理财服务。

　　未来可着重推动以下方向：鼓励金融企业创新服务模式，为制造企业提供全流程的、与业务深度融合的、柔性的金融服务，全方位满足制造企业的金融需求。鼓励制造企业灵活利用在经营过程中产生的阶段性闲置资金，为上下游企业提供便利融资服务。加快健全服务标准、包容审慎监管、风险防范、公共信用信息平台等方面的公共服务。

　　(2) 重视发展金融科技业，提升金融服务水平

　　现代金融业的发展和创新也离不开先进制造业的支持。未来的金融业是科技金融，其发展的核心驱动力是金融科技，即信息技术和智能科技在金融领域的创新及应用。金融科技既是服务业，也包含制造业。比如，用于智能识别身份、自动化交易结算的金融装备和系统。提升金融服务的水平和竞争力，必须推动金融科技的发展及应用，涉及以下重点融合方向：鼓励智能金融身份识别验证系统、自动化交易结算系统、数据分析挖掘系统在金融服务创新中的应用。鼓励基于智能金融服务系统带来的金融服务业态创新，并前瞻性探索相应新业态的科学监管模式。

6. 融合应用信息服务，革新先进制造业的组织效率

　　制造和相关环节各领域的深度融合多依赖于信息技术服务的有力支持。信息流是技术流、资金流、人才流、物资流的神经系统，是促进资源配置优化的重要抓手。促进制造业与信息服务业的深度融合，将会带来更多的新模式新业态创新。未来有必要关注以下重点融合方向：

　　(1) 深化发展智能制造服务，推动制造业高质量发展

　　在互联网和智能化时代，制造业的形态发生了根本性的变化，德国称之为工业4.0。信息技术特别是智能技术的蓬勃发展及创新应用，使得制造业持续演进变革、转型升级，改变了制造业原有的发展模式、竞争形态和动力要素。从数字化车间到智能工厂，再到数字化企业、多样化的行业平台，智能制造得到了不同范围不同程度的体现。智能制造的范围，已从单纯的制造环节延伸扩展到企业管理、研发设计、仿真测试、试用体验、运维售后、客户关系、物流运输、供应链服务、衍生交易等多个环节。未来，越来越多的、不同数字化基础的制造企业将面临智能化改造的课题。建设行业服务平台，

提供适用于不同制造行业的通用化和定制化相结合的制造业智能化改造解决方案服务，将成为未来制造业的重要需求，也是关系制造业转型升级进程的关键能力。要着力推动不同层次的智能制造平台服务商和解决方案提供商的发展，为制造业的智能化转型赋能。

（2）健全工业互联网基础设施体系，为制造业创新奠定良好基础

进入工业 4.0 时代，基础的工业设施不再仅是工厂、库房和大型机械装备等传统设施，而是形成了新的由信息网络连接和智能技术改造的更关键的基础设施——工业互联网基础设施，它包括工业互联网网络设施、协同平台、基础业务系统等。工业互联网基础设施是智能制造必然依赖的新型基础设施。建设服务于工业企业的广覆盖、易获取、高质量、低成本、智能化的网络和计算基础设施，提供适用于制造领域的智能化基础云平台（PaaS），在此基础上培育和提供智能服务，将是制造业和信息服务业深度融合的重要基础和重点任务。

（3）推进工业智能服务业态创新，推动制造业质量变革

工业互联网基础设施为工业高质量发展提供了便利条件，在此基础上为工业企业提供的智能化信息服务及其他衍生服务变得更加创新和多样化。这些工业智能服务，可涉及智能的工业运维、工业管理、资源交易、个性化定制、精准营销等上下游各种创新服务，是制造业质量变革的重要组成部分。要支持制造企业的智能化改造和升级，鼓励各类智能技术服务商提供工业智能服务并加快和拓展其创新应用，以制造业智能化升级为契机推动商业模式创新和技术革新，实现质量和效益变革。

总之，制造业与服务业的融合发展未来将产生以先进制造业为核心的大产业生态。这一生态体系既涉及融合产生的新技术、新流程、新模式，也涉及融合形成的新基础设施、新产业链，还涉及促进融合的政策及发展环境。这一生态体系既包括制造业服务化转型升级，也包括生产性服务业的迭代创新，还包括新业态的形成和演进。这是一个长期的、影响整个工业化和现代化进程的、不断发展的融合创新过程。当前的融合仅仅是走过了起点，未来的融合还需不断总结经验、分析趋势、研判形势，推动我国现代产业体系的发展再上新台阶。

第四章　路径与案例

（一）装备制造业的融合发展战略

1. 装备制造业融合发展动因

装备制造业的融合趋向主要表现为产品边界的再定义，产品服务体系和服务生态的构建，制造服务的强化和扩展。

（1）客户的服务需求逐渐强化

在激烈的市场竞争中，装备制造业企业面临着客户视野、需求和价值观念的变化，传统的销售和售后服务所带来的利润越来越低。由于缺乏集成系统服务，部分装备制造企业难以为客户提供全面的产品和服务，从而形成了一个"孤岛"。新的竞争对手洞察了客户的诉求，并把他们的产品和服务进行了深入的整合，从而形成了新的产品形态，以满足客户的要求。

（2）企业需要推行产品差异化竞争

在技术创新和降低生产成本的同时，制造业企业融合发展已经成为第三大竞争手段。这种模式是以服务的形式建立市场的差别，服务于生产企业的竞争战略，从而获得持续稳定的利润。装备制造业企业通过提供多元化的服务来弥补利润下降，锁定具有竞争力的服务，创造新的产业，形成新的市场垄断，获得持续的竞争优势。根据英国阿斯顿大学的一项调查，制造业企业在为客户节省 30% 的费用的同时，自身还能增加 5%～10% 的利润。

（3）制造业产业分工不断深化

随着行业分工不断深入，装备制造业融合发展将是必然趋势。装备制造业企业的专业化、产品的专业化、零件的专业化、工艺的专业化、生产服务的专业化，推动形成产品服务体系，使产品服务体系的整合与服务成为行业分工深化的重要表现形式。由于产品服务系统具有成本弱增性特征，因此，随着产品服务体系复杂性不断增强，成本弱化程度也逐渐增高。这就是制造业加速垂直整合发展的根源所在。

（4）现代信息技术与装备制造业融合发展

现代信息技术和制造技术的结合，促进了装备制造业的融合发展进程。工业云技术、工业大数据技术、物联网技术等技术的融合与应用，促进了装备制造业向标准化、服务化方向发展。以感知、存储、通信为核心的智能化设备将取代传统的设备产品，推动传统的批量化生产模式向个性化、定制化生产方式转变。产品全生命周期管理、总集成总承包、精准供应链管理、互联网金融、电子商务等新模式与新业态不断发展，将重构制造产业的价值链。

2. 装备制造业融合发展现状

近年来，我国装备制造业在服务方面表现出了良好的发展势头，在机床、通信设备、工程机械和智能设备等方面也取得了一定的成效。部分大型装备制造企业在服务领域、服务模式创新、服务价值创造等方面取得了新的竞争优势。不少龙头企业也在服务领域进行了不断拓展，在产品效能提升、交易便利化、产业链整合等方面进行了探索，并在服务产品拓展、商业模式创新、管理体系优化、服务品牌建设等方面取得了较好的成绩。

（1）国内装备制造业融合发展的新进展

信息技术对服务方式的改变起到了促进作用。以互联网为代表的现代信息技术和装备制造业的持续融合，推动研发、产品、装备、生产、管理、服务等数字化、网络化、智能化，重构装备制造服务体系，催生新的服务模式，推动装备制造企业向价值链高端升级，形成新的盈利方向。工程机械、电力设备、风机制造等制造业迅速发展，其中包括陕鼓、徐工、三一重工、中联重科、东方电气等，其生命周期管理和融资租赁已成为公司的主要盈利来源。

"双创"平台为制造业提供了新的服务形式。大众创业、万众创新是促进我国装备制造行业健康发展的新动力。各大制造业企业以核心服务能力为基础，积极构筑"双创平台"，为产业转型升级提供了有力支撑，为制造业提供了一批新的标杆。海尔、中航工业、航天科工、中信重工、联想、小米等生产企业，在"双创"的基础上，构建了一种新型的研发、生产、管理和服务方式，提高了公司的整体创新能力和水平。"双创"平台已成为各大生产制造企业进行技术攻关、创业孵化、投融资和人才培训的重要阵地，同时也为各大企业实现协同发展提供了新途径。

"一体化"是我国装备制造业发展的必然趋势。长期以来，各大生产企业纷纷制订了相应的服务策略，提高了系统解决方案能力，增强了核心竞争优势。例如，神龙汽车集团宣布"5A＋"战略，以"为顾客出行提供综合解决方案的高效汽车企业"为目标，从"以汽车为主、转向以服务为导向"，从传统的单一服务转向多元化的新型服务，积极融入出行服务生态圈。柳工公司推出"价值新主张—客户价值 4.0"方案，并以"全价值链、全使用过程、全生命周期增值"为核心，不断深化服务理念。福田汽车发布了以客户为核心的服务理念，并推出"顾问制＋定点式"的定制化服务模式，为用户提供定制化综合解决方案。

新型产业生态圈构建服务新格局。随着网络技术和制造技术的深入结合，机床、工程机械等行业已经开始向客户提供整体解决方案，突破了传统行业的界限，形成了一个全新的行业生态系统。例如，雷沃重工联合农机网络公司，以农机行业垂直应用为突破口，推出了智能化服务平台；整合各方资源，为雷沃农机设备客户提供线上线下一体化的农机定制服务，包括农机交易、服务撮合、远程收割、一键报修，形成了农机服务的新格局，同时也为企业自身带来了差异化的产业竞争力和客户黏性。

（2）国内装备制造业融合发展现存问题

中小型企业缺乏融合化发展的动机。由于传统的粗放发展方式，我国装备制造企业普遍存在重规模轻质量、重速度轻效益、重批量生产轻个性定制、重制造轻服务等问题，发展服务业务的动力不足。但由于融合发展模式需要大量的资金和人员，短期内会有较大的投资，而且在很长一段时间内都会面临市场风险、技术开发、经营风险等不确定性，特别是中小企业对融合发展战略认识不够，拓展制造服务业务较为审慎。

系统集成与服务集成能力有待提高。系统集成是面向客户的整体解决方案，是装备制造企业实施服务化战略的关键，可以解决工业控制与制造执行系统、制造执行与经营管理、设计与制造、产供销等之间的集成关系，实现行业服务资源、构建服务生态圈、搭建云服务平台等集成服务，是装备制造企业开展服务化战略、提供行业系统解决方案能力的重要体现。

以数据为导向的业务能力还不够完善。企业是否能够及时、准确、完整地收集、传输、加工、执行各种数据，从而建立面向企业全业务、全流程、产品全生命周期的数据流方案，是企业核心竞争力的表现。当前，装备制造企业的融合发展战略主要集中于在线监测和维修，大数据的准确收集和运用还比较薄弱，特别是在产品设计、定制等方面。

有关的规范还需要进一步完善。装备制造业要实现服务化转型、融合化发展，就必须要有相应的技术、服务标准来支持和规范。目前国内还没有相应的标准，亟须加速制定相关的统计、评价标准、关键技术标准。

3. 装备制造业融合发展的基本模式

在产业与企业发展的不同阶段，装备制造业融合发展的方式也不尽相同，具体可分为投入服务与输出服务。装备制造业的常规服务模式主要包括面向产品规划与市场定位的咨询服务，面向产品设计、工业设计、大数据分析等新技术和新功能的支持，面向产品生产环节的能效管理、检测认证、智能优化、供应链金融等服务，面向产品销售环节的电子商务、物流、分销与零售等服务，以及面向售后阶段的售后服务外包、市场分析、用户分析等服务。装备制造企业正逐渐向创造价值和传递价值的全价值网络发展，涵盖产品策划、设计、加工、交易、售后服务等全过程。

（1）工程总承包与系统解决方案

装备制造业企业通过兼并重组等方式，不断强化咨询设计、项目承接等系统解决方案，面向重点项目、重大项目，承接设备成套、工程总承包、交钥匙工程，提供工程总承包、建设－移交、建设－运营－移交、建设－拥有－运营等多种服务，开展市场调研、产品设计、工程监理、工程施工、系统控制、运营维护等业务。从单一的产品到全面的服务转变，已是装备制造业企业的一种普遍发展方式，例如泰尔重工从万向轴、联轴器等产品出发，逐渐转型到能够为冶金数字化设备提供全方位的技术顾问和解决方案。

(2) 装备全生命周期管理服务

装备制造企业提供产品全生命周期管理，包括技术支持、备品备件、培训咨询等基本服务，远程监控与维护、运维托管、实时维修等运维服务，产品回收、升级改造、再制造、二手设备交易等循环利用服务，以及业务整体解决方案的业务管家服务等。例如，华为根据客户的要求和产业特征，通过整合渠道和资源，构建了一套综合的专业服务解决方案，使其从一个技术推动型企业成功过渡到以服务和成本为核心竞争要素的企业，并建立了与市场需求相适应的产品服务体系。中信重工一直致力于从生产到服务的转型，通过为客户提供高效率的备件服务和全生命周期的服务，从而达到与客户共赢、共同发展的目的。

(3) 差异化定制服务

定制制造是从传统制造向智能制造转变的一个重要标志。完整的定制服务能够针对顾客的每项需求进行研发设计定制、零部件采购、生产计划安排、制造加工、物流配送。在这个过程中，消费者从产品的设计和采购都可以全面参与。柔性制造、智能制造的发展，使得制造和市场高度协调，出现了许多个性化的服务模式。例如，海尔在"个性化需求"指导下，成立了中央空调智能化互联工厂，拥有超过 200 种的用户柔性定制方案，满足不同客户的个性化需求。同时，客户也可以根据自己的具体需要，选择不同的性能、结构、参数等，并实现研发、设计、上线、装配、检测、下线、发货全程可视化。

(4) 融资租赁服务

融资租赁是装备制造业的一项重要服务，可以为企业赢得后市场利润，提升公司价值，提高定价能力，加速资金周转，维护公司的信誉。装备制造企业可以组建一个混合所有制的融资租赁公司，也可以依靠外部的金融机构为其提供融资租赁服务。例如，沈阳机床公司于 2014 年成立了优尼斯金融租赁有限公司，支持客户按小时、月、季度、年度租赁或分期租赁设备；大连机械公司利用"以租代售"的模式，在广州、东莞、张家港、荆门等地设立了孵化器，并以融资租赁的形式为企业提供加工中心设备。

（5）创新与孵化服务

装备制造企业充分利用内外创新资源，建立开放的创新平台，进行创业孵化，把研发、制造、物流、分销、融资等能力结合起来，形成一个为创业组织服务的生态体系。例如，潍柴动力与 60 多个具有技术开发实力的零部件供应商组成了潍柴产品研发共同体，并建立了自主开发的供应商协作平台；海尔搭建了投资孵化平台，通过"众创""众包""众筹"模式，集合了 3 万家销售渠道资源、6 万家加工制造资源、98 家孵化资源，以"创客学院—创客工厂""创客工作室""创客集市"为核心，为创客提供低成本、便捷的创业服务。

（6）云制造平台服务

云制造将成为网络化、服务化制造的基本模式。云制造技术能够实现大规模、跨空间的生产资源分配，从而满足生产过程中的大量需求。通过云制造服务平台，可以为制造全生命周期提供完善、按需匹配、安全可靠、质优价廉的制造资源和服务。部分装备制造企业在远程监控、故障分析诊断和专家服务等领域取得了长足的进步。例如，博创智能装备股份有限公司建立了智能注塑装备云服务平台，对现有注塑装备进行信息化和智能化改造，实现了信息推送、在线监测、远程升级、健康评价等云服务；同时搭建基于云制造的智能工厂，提供全生命周期管理、精准营销等智能服务。

4. 装备制造业融合发展条件

当前，我国装备制造业融合发展总体上还处在初级阶段。装备制造企业大部分都是在提供生产、装配、生产、销售、仓储、售后服务等低端服务，而在研发设计、品牌经营、供应链管理、整体解决方案等方面发展缓慢。装备制造企业要想有效地推动制造业态发展，必须要具备丰富的知识产权和不断创新的能力，也需要企业的规模、技术能力和管理能力。大公司集团的纵向一体化和横向协同更容易在融合发展上取得成功；大部分中小企业可以从建立产品和服务的生态关系，持续提高核心竞争力，向制造服务企业转型。

（1）完善的外部环境

装备制造企业融合化的顺利推进需要完善的市场环境保驾护航。新技术的研发、物流、技术支持、信息咨询、金融租赁、金融租赁、保险等服务，都离不开完善的知识产权法规、规范的标准体系、健全的社会诚信体系和严格的监管体系。同时，在企业实施融合发展战略的过程中，政策和措施的指导和保证也是有利的外在条件。

（2）与时俱进的战略理念

装备制造企业融化发展需要树立"制造"与"服务"相结合的战略理念，深刻地认识到"融合"对企业利润增长、核心竞争力提升、转型升级的重要作用，把"融合"作为企业未来重要的发展战略。

（3）稳固的核心竞争能力

制造技术的进步和坚实的制造基础是装备制造业融合发展的根基。装备制造企业要以确保产品的质量为核心，加强技术研发，树立品牌形象，建立完善的市场营销系统，储备技术和技术人才，维护客户资源，挖掘客户潜力，培养优质客户，培育稳定的核心竞争优势，建立灵活的经营和经营机制，以适应新的变化和战略的实施。

（4）融合发展的技术支撑

随着现代信息技术和装备制造业的融合，智能制造技术的持续进步，使得制造业融合纵深发展成为可能。加快制造装备数字化、网络化、智能化改造，推动智能工厂建设、智能装备研发，利用大数据、云计算等先进技术推动流程再造，推动智能制造和智能服务的融合发展，将成为定制制造、协同制造、智能运维等制造服务的有力保障。

5. 装备制造业融合发展目标和发展思路

（1）装备制造业融合发展目标

以提高装备产品的质量和经济效益为中心，通过技术和服务方式的创新，激发企业发展活力，促进装备制造业的整体提升和升级。加快推动创新设计服务体系基本形成，差异化定制与柔性制造协同发展，大型装备制造企业精准供应链管理全面实施，系统集成与工程总承包、全生命周期服务等整体解决方案普遍发展，客户关系逐渐转向运营伙伴和价值伙伴关系，服务价值网络基本构建，差异化定制、专业化协同、智能化集成、精益化发展的服务型与创新型装备制造业得以转型升级。

（2）装备制造业融合发展思路

装备制造业融合发展应遵循五个方面，其一是技术引导，即以新一代信息技术、智能制造、供应链优化管理等技术作为支撑，推动装备制造业提质增效和转型升级；其二是创新驱动，加快推进服务模式创新、技术创新、产品创新和管理创新，通过创新激发企业制造与服务活力，培育融合发展业态；其三是市场主导，发挥市场在资源配置中的决定性作用，鼓励制造企业以快速响应市场需求为目标向服务模式转变，增强市场竞争能力；其四是服务增值，促进产品价值链向设计研发、系统解决方案、在线监测、运维服务等方面延伸，不断重构产品生态，拓展价值创造空间；其五是项目带动，积极发挥装备制造业龙头企业的行业带动作用，发挥中小型企业机制创新与组织变革的灵活性，以示范项目集聚资源、促进宣传、推动装备制造业融合战略全面发展。

6. 装备制造企业融合发展路径

越来越多的装备制造企业希望通过服务来建立市场差异，以服务主导竞争策略。为了提高顾客的满意度和企业的盈利能力，装备制造业的融合发展已成为一种普遍战略。装备制造业的融合发展要求企业在组织、文化、流程、客户互动等方面进行变革，并在服务中建立新的竞争力。服务型制造企业要想从客户需求出发，就必须构建一个稳固的业务支撑体系，并以稳固的组织架构来支撑服务创新。

（1）拓展产品边界

装备制造企业实行融合发展战略首先需要重新定义产品边界，以拓展盈利模式。

第一，企业要加强售后服务的多样化，提高服务的配套能力。从整体销售向产品销售、多元化增值服务的多元化发展，是装备制造业实现融合和升级的根本途径。例如，中联重科通过物联网、北斗导航、云计算、大数据分析等技术，构建了一智能云服务平台，具备实时监测、运行信息采集与存储、故障预警、作业状态分析等功能，可以为千里之外的客户发现问题，同时通过卫星定位调派最近的服务工程师与客户联系，帮助客户及时解决问题。

第二，企业要促进横向和纵向的资源整合和增值，为装备制造业提供全面的解决办法。装备制造企业可以采取"轻"资产运营方式，如主机产品的"云制造"，加强核心零部件的加工、组装、检测等，将非核心的制造和服务环节外包，完善供应链协同网络，与产业链上下游企业建立垂直战略合作关系，与其他相关产品和服务供应商建立横向资源整合关系，形成相互依存、相互协调的稳定的专业化制造服务分工体系。例如，2015 年徐工道路机械公司"路之家"正式投入运行，"路之家"是一个以客户为中心、全心全意为客户服务的网络信息服务平台，涵盖了整机选择、二级交易、备件交易、施工工艺咨询等功能模块，是中国道路机械行业第一个专业化的具备全价值链整合能力的信息平台，也是中国第一家品牌化的道路机械一站式解决方案门户。

第三，企业要大力推进智能制造和服务的发展，发掘多元化的利润模式。目前，装备制造企业已从单纯的生产厂商转变为与客户"强关系"，透过产品服务体系转变为"客户业务操作者"，能够对客户的需求进行预测和反应。装备制造企业利用物联网、云计算、大数据等信息技术，通过客户体验、在线设计、数据挖掘等手段，对客户的需求进行收集、处理，并通过产品的柔性化改造，对产品标准化零部件、模块化部件进行动态的个性化重组，实现产需互动的高度协同。例如，为了适应互联网时代消费者的个性化要求，长虹建立了一种"以人为本"的多阶段混合生产系统模型，它是以物联网为核心，将生产线布局优化设计、智能装备开发、生产系统资源重组技术相结合，以IE（工业工程）、IT（信息化）、AT（自动化）技术为驱动，在数字化、智能化技术的基础上，以 USO（市场业务系统）、ERP（企业资源计划）、MES（制造执行系统）等信息化管理系统与客户进行交互，形成了快速响应消费者定制需求的能力。

第四，企业要抓住客户的需要和价值定位，扩大产品的价值创造。装备制造企业要深入理解客户的需要，尽量满足客户最全面的价值诉求，帮助客户更好地开展服务或承接客户部门的业务，充分发挥自身产品、技术、服务、运营优势帮助客户解决实际业务需求，形成"纯服务"产品形态，帮助客户提高工作效率，减少生产成本，提高客户满意度和合作黏性，形成一种新的创造价值模式。例如，安徽博瑞特热能设备股份有限公司提出了新的发展策略，改变了产品结构和业务模式，从销售锅炉设备到提供全面的产品托管服务，通过打造国内首个燃气锅炉远程控制云服务平台，对客户端锅炉进行实时、连续、动态、全面的 24 小时在线监测服务，并能够根据气温变化情况，启动智能温度补偿程序进行自动跟踪，确保锅炉系统自动调整到节能模式。

（2）重构产品生态服务体系

装备制造企业可以通过搭建"云服务平台""孵化平台"和"供应链电商平台"等多种形式来构筑"产品生态服务体系"。

第一，企业可以通过构建产品生态云服务平台，实现供应链上下游、相关行业资源的有效配置和协作，形成供应链合作联盟，实现多边协作、标准规范、运转高效的产品生态云服务。例如，沈阳机床的 I5 智能系统实现了操作、编程、维护、管理等智能化，通过调用资源为客户提供智能化一站式制造解决方案，提出"送终端、卖云端"的互联网商业模式和开机付费的盈利模式，融入供需双方、金融方、物流方、原材料供应方、设计方，重构产品生态环境。在这个平台上，企业所有的软硬件业务流、资金流和后勤流的互动，都可以通过这个平台进行，让运营商可以获得一笔可观的收益。启动付费模式可以让用户在第一时间使用公司的产品，并根据启动时间动态地进行后续支付。当机器达到使用寿命后，公司会根据用户的需求，及时进行维修，减少客户的费用，提高客户的忠诚度。

第二，企业可通过设立产业孵化基地，以开拓产品市场和扶持区域内产业发展，提升技术服务和融资服务能力，构建新的产业生态环境。例如，大连机床集团已在东莞设立智能制造装备生产基地，其中包括东莞智能制造装备的研究与展示中心、智能制造装备的孵化、制造等。智能制造基地将推动协同创新园区的高端化、智能化、集群化，加快智能装备、机器人、汽车等智能制造领域发展。在这个孵化基地中，创新创业不但可以实现从设计图纸到样件、样件到小件的转换，也可以使产品从小型化到大规模工业化。同时，该孵化基地还将成立专业的众创空间运营公司，建设创客工作坊，以及投融资中心和创业孵化中心，提供全方位的技术服务、样品试制、测试验证、用户体验等服务，形成从创意、设计、制造到创业的协同创新环境。

第三，企业可以通过搭建供应链电商平台，将产业链中的企业连接起来，使过剩的生产资源和能力得到有效的整合，同时也可以灵活地进行产品的采购。例如，泉州佰源机械科技有限公司在经济环境严峻、下游市场需求较少的情况下，不断提高自主创新能力，在多款纺织机械产品已达到国际先进水平的基础上，积极推动服务化转型、加快融合发展。依托其在数控设备方面的优势，加强对传统设备的智能化改造，并在此基础上启动了全国第一家纺织工业网络平台。该平台通过对客户个性化需求的即时反应，使其达到最短的上市速度、最优的质量、最低的成本、最优的服务、最简洁的服务，从而增强了产业链上下游企业的资源利用率和市场竞争力。

（3）建立服务运营组织模式

装备制造企业应制定明确的融合发展战略，包括战略目标、阶段性评估与评估指标、保障措施与内部激励措施，并建立与之对应的服务企业文化；依据融合发展战略，确定所需的资源条件，建立融合化资源与能力图谱，明确资源与能力的来源（内部培育、外部收购、合作与共享）；确定相应的资金预算及分阶段扶持政策，调整内部组织与管理模式；设计产品融合模型并建立规则，构建企业内外的沟通、协调与反馈渠道，支持客户服务试点全程参与产品服务系统的设计与应用，充分评估客户需求，分析服务模型与企业价值主张之间的差距，持续完善产品服务系统以形成市场可行的商业模型；拓展新业务推广模式，制定新业务推广策略及传播路径，对产品定价、销售渠道、营销手段等进行相应变化。

7. 装备制造业融合发展目标

（1）推进两化融合，培育智能服务能力

加快装备制造业信息化建设，加快"两化融合"的步伐，推进新一代信息技术与装备制造产业的融合，创新企业经营流程，创新企业价值创造方式。强化数据分析、数据挖掘等技术的开发，提升客户化设计和用户参与设计的能力，形成对消费需求具有动态感知能力的设计、柔性制造和服务新模式。引导大型装备制造企业建立工业设计、网上管理、电子商务、信息情报等一体化的服务平台，有效地促进资源的配置，降低交易成本，带动供应链中小企业发展。加强对大数据和工业云计算的支持，构建适合于整个装备企业生命周期的工业大数据支持服务系统。加快传感器、控制系统、应用软件的开发，提高智能决策、生产和配送、远程监控和自动维修等智能化的服务水平。

(2) 提升柔性制造能力，大力推动云制造服务

加快零件标准化、零件模块化、产品个性化重组，推动制造过程中的组织结构调整和智能改造，提高企业的柔性制造能力和敏捷制造能力，以满足离散制造和定制制造的需求。支持典型装备制造领域的云计算制造服务平台建设，促进制造资源、制造能力和物流资源的开放共享，提供面向细分行业的研发设计、优化控制、设备管理、质量监控等云制造服务，推动创新资源、生产能力和市场需求的智能匹配和高效协同。支持中小装备企业采用工业云计算技术，承接专业化生产和外包非核心业务，走"专精特新"发展之路。

(3) 推动服务模式创新，完善制造服务业态

在典型的装备制造业中，大力推进总承包业务的发展，为企业提供工程总承包、建设－移交（BT）、建设－运营－移交（BOT）、建设－拥有－运营（BOO）等多种服务方式，支持企业开展市场调研、产品设计、工程监理、工程施工、系统控制、运营维护等业务。支持装备制造企业参与大型国际工程，从工程合同向标准技术输出、信息系统集成、工程总包、系统解决方案转变。指导装备制造企业实施全生命周期管理和服务，开发客户化设计、供应商库存管理、远程监控维修、回收再制造等配套服务。鼓励装备制造企业扩展服务系统、创新产品增值服务，延伸传统的单一销售模式，开发面向用户、按流量或按小时收费的租赁业务。

(4) 发展金融服务，推动实体经济发展

支持有条件的装备制造企业成立集团财务公司，并在此基础上，积极探索以集团财务公司为主体的金融延伸，有效提高集团内部资金运作效率，降低企业融资成本。鼓励大型装备制造企业成立创业投资基金，对产业链上游的创业者进行融资。积极发展融资租赁，引导公司在机械设备、生产线等领域开展设备租赁、融资租赁、融资租赁等业务，并提供与设备租赁配套的系统设计、安装调试、生产制造、远程维护等服务。

（5）发挥双创引擎作用，构建制造服务生态

鼓励装备制造企业利用存量房产、土地资源建设孵化基地、"双创"平台等新型经营模式。推动以"产品＋服务"为基础的产品试制和创业孵化服务模式，根据客户的综合业务需要，依托工艺设计、试验与试制、加工制造、技术服务、金融服务等能力建设创业孵化基地，提高装备制造企业生产及服务资源利用效率。鼓励大型装备制造企业与当地创业创新需求进行对接，共同打造技术、市场、资本、产业、政府等要素有机结合的创业创新生态。

（6）强化标准体系支撑，提升制造服务质量

加快装备制造业融合标准化建设，制定制造服务关键技术与服务标准。鼓励装备制造企业开发灵活的产品和个性化定制，实施全生命周期管理、云制造服务、远程监控和维护服务、基于大数据的网络精准营销、产品回收再制造、金融租赁、知识管理和服务等技术标准研究。制订面向工业互联网平台的协同制造技术标准，以及产业链上下游间的服务规范。鼓励行业组织、科研机构与制造企业共同探讨供应链运营绩效指标与标准模式，推动供应链管理的规范化发展。

（二）轻工业的融合发展战略

1. 轻工业融合发展背景

轻工业涉及面广，是生产日用消费品的重要民生产业。经过多年发展，我国轻工业具有一定的出口比较优势和国际竞争力，在经济和社会发展中起着举足轻重的作用。近年来，我国轻工业生产持续稳步恢复，消费需求逐步回暖，出口形势好于预期、盈利水平进一步提升。但受国内外经济环境等多重因素影响，轻工业分化程度加剧、投资发展后劲不足、中小企业困难依然较大。虽然很多企业通过科技创新、资源整合、内部治理和经营方式创新等方式，加快技术进步、管理水平和职工素质的提升，实现了工业结构的优化和升级，但企业转型升级发展还很不平衡，培育新的竞争力仍处在阵痛和摸索中。从整体来看，我国轻工业整体自主创新能力还不够强，以企业为核心

的创新系统还不完善，人才和技术储备不足，贴牌产品、低附加值产品较多，缺乏具有国际影响力的品牌。

因此，我国的轻工业正在从中低端转向中高端，从增量扩能转向调整存量、做优增量并举，发展方式由争取规模速度转向质量效益，发展动力由主要依靠劳动力成本优势和引进技术优势转向创新驱动。轻工业的产品也从"以生产为主"到"以顾客为导向"的多样化、时尚、个性化、定制化发展，从传统的商家销售转向线上线下结合、体验互动等多种形式，产品的普及与升级换代交替。轻工业企业要顺应顾客对多层次的产品和服务的要求，特别是随着人们越来越偏爱高品质、智能实用、时尚美观、节能环保、操作方便的高端产品，企业需要进一步加大新产品的设计和开发力度，密切跨界融合和合作，提高产品智能化水平，完善适合消费者需求的实用功能，不断培育和发展新的增长点。

2. 轻工业融合发展现状

融合是当前我国轻工业的重要发展趋势。我国的轻工业企业正在从以产品为主向以服务为主的方向发展，加快产业和产品结构的调整，以适应消费结构的变化，向多层次、个性化、品牌化、创新、节能、环保迈进。近年来，轻工业企业已经从单纯的产品生产转向了产品开发、改进、销售、售后服务、产品回收等方面，不再只提供产品，而是提供产品、服务、支持、自我服务和知识的"集合体"。制造和服务之间的界限越来越模糊，制造和服务逐渐相互融合，服务在企业产值和利润中的比重越来越高。例如，美的集团积极打造智能家电，提出了基于云计算的核心部件智能自诊断技术，实现了对空调压缩机、制冷系统及滤网的自检测、自诊断及主动提醒，改变了传统的售后服务模式，提高了售后服务的快速响应能力；通过引入语音、红外、图像等技术，减少了人机交互的步骤，完成空调的自适应主动操作，提高了用户交互体验和使用的便捷性和舒适性。

（1）定制化生产服务

家具、厨房五金、照明灯具等轻工业产品的定制化生产已经成为一种潮流。有些轻工企业针对客户需求提供定制家具、整体厨房、卫生间、灯具等产品，强化从设计阶段与客户的互动到销售过程中的服务承诺。例如，家用电器厂商致力于满足客户的个性化定制，在互联网的支持下，通过多家专业机构参与方案设计，以智能制造为工具，以批量化生产，以大数据、云计算、物联网等技术为客户提供后期服务；制鞋行业领域实现的三坐标快速测量系统、鞋楦制作（目前可利用 3D 打印技术）和鞋的生产等高端定制服务；箱包、眼镜、乐器等生产厂商针对不同的顾客需求，为其量身定制适合其身份、职业、气质、功能需求的高档产品。客户在个性化定制服务中，能够体会到自身的价值，以及对时尚与完美、品质与功能的深度体验，从而加强企业与客户的交流，持续提升产品品质与服务水平，增加产品附加值与品牌影响力，达到企业与客户共赢的目的。

个性化定制的方法是多种多样的。例如，海尔的个性化定制分为模块定制、众创定制、专属定制三大类，并通过网络定制平台进行全方位的可视化。其中，模组自定义是将基本模组和变量模组结合起来进行订制，海尔客户服务平台为客户提供基本的模组和可选择的模组，例如外观设计、除甲醛、WI-FI 功能等。客户可以根据家庭情况、喜好或装修风格任意选择，选择后可360°全方位观看产品效果图，满意后可订购。众创定制是由许多客户与专业人士在订制平台上进行互动，最后达成的一种自定义方法。创意通过微信、微博、定制平台等渠道进行，点赞量超过一定数量的创意将会交给专业设计师进行设计，设计师和使用者通过实时对话，创作出创意的图纸，通过网络投票，最终入围作品。客户可以在三维虚拟的装配验证、样品试制等方面提供咨询意见。新产品的设计确认后，客户可以通过订制的平台进行订单和付款。专属自定义模式是一种完全个人化的自定义。客户提出全新专属需求以后，只需要支付一定的订金，就可以交给设计师。定制平台将海尔的 HOPE 资源平台与国外的第三方设计资源相结合，为客户提供国际顶级的设计资源。客户也可以直接参与设计体验、观看生产过程、监督物流配送、享受整体的配送服务。

（2）系统整体方案服务

轻工业企业不但能推销自己的产品，更能通过与客户的充分沟通，为客户提供一整套的产品和服务。例如，照明产品的生产厂商正在从单一的产品制造向整体的照明提供商转型，并拓展到农业、健康等领域。轻工装备行业针对客户的生产环境、工艺、包装、运输等需要，提供工厂布局、产品设计、产能匹配、能耗分析、工程管理、效益预算、客户服务等全过程分析与建设，从原材料、加工成型工艺、设备设计、机电一体化、数据化、信息化，甚至到物流采购、工程设计施工等环节，实现全线配备，从产品到设备的"一条龙"工程研发，为客户提供全方位的工程解决方案；同时，还可以与数字化生产线、智能立库、大数据平台相结合，进行远程监控、故障诊断、性能参数分析和预警，实现整套系统的网络化控制。大量的中间品生产商，如食品酶制剂等企业，也开始从单一的酵素生产厂商，逐步向上游厂商提供解决方案，并参与到下游企业的新产品开发、产品开发、工艺改进、技术升级等。

（3）品牌营销服务

自 2000 年以来，李宁公司一直致力于服务的转变，以企业家的思维去打造新产品、新渠道、新经营模式和新客户体验。公司将重点放在产品的创新、开发、设计、品牌销售等方面，通过与客户的沟通与交流，为客户提供更高的价值。

3. 轻工业融合发展存在问题

（1）存在问题

当前，我国轻工业企业的研发设计信息化建设还存在一些问题，主要包括研发设计中信息与设计业务流程的联系不密切、缺少信息的深度运用、研发设计过程缺乏集成协同、尚未形成数字化研发设计能力、研发设计软件和研发工具受制于人、核心技术与核心生产能力呈现空心化等方面。同时，我国轻工业装备的自主研发水平和自主知识产权水平较低，在可靠性、稳定性、数字化、智能化、集成化等方面较国外先进产品有较大的差距。我国轻工业企业的产供销合作能力不强，主要表现在网络购物诚信、支付安全、物流运输、金融服务质量、专业人才缺乏、网上交易税收等方面。

（2）存在问题分析

部分轻工业龙头企业在市场需求和政策的驱动下，进行了卓有成效的探索，但尚未形成一个完整的产业整合发展技术路线。我国轻工业的自主创新能力不强，设计水平较低，缺乏差异化、个性化集成服务的技术支持，创新产品与服务的供给不足，直接影响到企业的融合发展。长期以来，我国轻工业一直以产品为中心，缺少专业的技术创新人才培养系统，缺少对高层次人才的培育，需要加强人才保障与服务。同时，我国轻工业企业由于缺少服务业务的经营资格，在拓展服务业务方面面临着政策壁垒，无法享受到服务业的优惠政策。

4. 轻工业融合发展方向

目前，我国轻工业融合发展面临着以下问题：一是企业的自主创新能力不强，产品品种、品质和品牌与国际先进水平还有一定差距，无法适应消费升级的需求；二是传统行业低成本竞争优势迅速消退，新的竞争优势尚未形成；三是资源、能源利用率低，节能减排压力大；四是部分企业诚信缺失，质量保证体系不健全，产品质量安全问题时有发生；五是国际市场低迷，发达国家对轻工产品设置更多技术性贸易壁垒，产品出口增速逐年下降。

2016 年 5 月，国务院办公厅发布《关于开展消费品工业"三品"专项行动营造良好市场环境的若干意见》（国办发〔2016〕40 号），提出增品种、提品质、创品牌三大任务，要求企业深度挖掘客户需求，适应和引领消费升级，在产品开发、外观设计、产品包装、市场营销等方面加强创新，积极开展个性化定制和柔性化生产，丰富和细化消费品种类，推动中国制造向中国创造转变。我国是世界上最大的消费市场，城乡消费结构正在从生存型到发展型、从物质型到服务型、从传统型到新型消费升级。不同地域、不同群体的消费者对轻工业产品的刚性需求与升级要求，为行业的发展带来了巨大的发展空间。现代信息技术、智能制造、新能源、新材料等方面的革新，以及生产方式、产业形态和经营方式的革新，为我国轻工业的转型和融合发展提供了有利的条件。

"十四五"时期，轻工业发展要进一步完善科技创新体系，激发人才创新活力，加快关键技术突破，提高轻工产业链现代化水平，不断提高轻工产品和服务的质量，并培育世界级产业集群，实现产业集群整体转型升级。自行车、家电、家具等 12 个轻工行业要实现高端化发展，造纸、电池、食品等 20

个轻工行业要实现领头式发展，钟表、眼镜、日化等 10 个轻工行业实现突破性发展。进一步提升轻工产业链的控制力，加强产业链上下游协同，推进科技赋能，形成核心知识产权，提高产业链价值链的附加值。增强供给适应需求的能力，以满足人民美好生活需要为出发点，增加智能化、健康化、定制化、时尚化的中高端产品，形成需求牵引供给、供给创造需求的更高水平更高层次的轻工生产供给体系。

（三）医疗器械制造业的融合发展战略

1. 医疗器械制造业融合发展背景

（1）医疗器械制造业融合发展趋势

医疗器械涉及的知识领域广泛、专业程度深、对创新敏感、对安全性和可靠性的要求也越来越高，在医学科技中的作用日益突出。在世界范围内，医疗器械制造行业融合发展得比较早，已经形成了以大型企业为中心的"向心型"产业系统，产业与临床的结合不断深化，产品与服务的融合走向深化，出现了越来越多的"全面解决方案"和"交钥匙工程"等。例如，美国通用医疗、荷兰飞利浦、德国西门子等作为世界医疗器械行业的寡头，20 世纪 90 年代以来，其净利润中服务所占的比重不断加大，如今已达 50％以上。有些企业甚至会为医院提供特定的医疗服务，比如有些企业会为医院提供手术中的输血，也会安排专门的医生进入手术室保证患者的安全。国内一些公司也为医院的数字化手术室提供了一套完整的系统，其中包含了管理、联网等相关的设备。与此同时，医疗器械产业内、产业与医界、产业与学界之间的合作日益深化，并逐步实现了融合发展。近年来，产业联盟、协同创新中心、医学转化中心、创新工厂（工程化平台）等诸多组织形式的涌现，也推动了产业融合发展。

（2）医疗器械制造业融合发展技术动因

随着医疗器械技术和专业化程度的提高，产品越来越复杂，使用者与生产厂商的技术差距越来越大，企业必须将相关的知识传达给医务工作者，并对设备进行专业的维护和管理，这是一个循序渐进的过程。比如，对于临床医生来说，要进行 MRI（磁共振成像系统）的操作，就需要了解系统的操作、各种诊断所对应的序列及其参数的选择、图像处理参数所针对的具体情况等，这也就要求厂商提供技术支持和基本的培训练习。如果医生想要进行 MRI 的临床研究，则必须要有专门技术人才的配合。目前国内医疗器械的市场份额很小，但是对于品质、安全性的要求却非常严格，因此，厂商必须要具备提供深度服务的能力，甚至是临床深度合作的能力。

现代资讯科技特别是无线通信技术的发展，使得厂商与医院间的资讯交换成为可能。例如，由无线互联的方式来搜集医疗器械的运作状态，并加以数据分析，达到主动服务的目的。无线互联能够有效沟通原本需要面对面确定的事情，减少了交易成本，使得原本无法完成的服务变成了现实，大大推动了医疗器械融合发展的进程。同时，大数据分析技术的发展也将对医疗器械生产、医疗服务发展起到巨大的推动作用，一方面要从器械中采集数据，以便进行大数据分析，并为产品升级提供支撑；另一方面，还要将数据分析的结果传输到医疗器械，指导设备运行和辅助医护人员进行治疗。利用大数据分析技术还可推行健康大数据服务，实现健康信息的全面采集、分析、诊断、预后评价。比如，利用大数据分析技术，可以通过大量的数据对病人的骨骼关节进行机械性能的分析，并通过大量的病例对各种手术方案进行预测，最终选择最佳的手术方案。也可以根据患者的术后恢复情况，通过大数据分析，对患者进行持续的康复指导，并给出相应的预防措施。

医疗器械的需求具有规格多、数量少、用户个性化强等特征。因此，以网络为基础的在线生产极其适合医疗器械制造业，它可以通过网络实现需求与技术、知识与咨询、服务与反馈、变更与更新、合约与交易的信息交换或交易过程。比如，某些同类产品在原理上具有共性原理、共同标准、大致相同的技术方案，研发过程和注册流程的项目管理也是大同小异，有些企业就可以为特定类型的医疗器械提供标准化生产线和标准化服务，以支持其他企业生产和提升整个产业的运行效率和创新效率。

2. 医疗器械制造业融合发展基本模式

医疗器械生产具有很强的专业性，产品种类繁多，但是单个产品的市场容量很小，对技术、质量、安全、使用环境都有很高的要求。服务已成为医疗器械产品的一个重要部分，也是消费者购买时的一个重要指标。服务内容也从早期的维修逐步发展到了深层次的服务，不仅要确保医疗器械的正常使用，还要能够确保可以进行深入的研究。虽然单个器械制造商的利润也比较丰厚，但整机厂家往往更为强势，因其能够提供更好的服务。为医疗器械行业提供一个通用的服务平台，是医疗器械厂商的共同目标。当前，我国医疗器械制造业的发展模式有如下几种。

其一是向心式。垄断企业依靠自身的品牌和规模优势，联合其他厂商形成一个向心的产业链。在此基础上，垄断企业可以承担行业内的所有供应链和外部服务，同时也可以通过集约化来降低服务成本。在一些高价值、大型、单一且市场容量不大的产品领域，如磁共振、CT等领域，向心式产业布局具有较强的生命力，对大公司的国际化发展具有重要意义。

其二是集群式。在技术要求高、品种多、规格多、市场规模小、对生产工艺要求较高的行业，往往会自发地组成集群化的产业体系，其中就包括整机制造、零件制造，甚至还有专业的生产制造，构成网状脉络。尽管这种体系内也会存在竞争，但主要还是合作。随着时间的推移，这个集群将会拥有自己独特的竞争力，集群之外的后进入者将很难与之抗衡。

其三是平台式。根据产业发展的普遍需要，依靠政策扶持和资金支持，建立公共服务平台。这些平台或是依靠第三方机构，或是依靠大的公司，来实现对行业的需求和服务的整合。

从总体来看，美国医疗器械制造业主要采用第一种发展模式；欧洲在第一种发展模式的基础上，在某些产品领域也采用第二种模式；我国目前主要是在探索第三种模式。采用不同的发展模式有其历史必然性，从现在信息技术革命的角度，第三种模式无疑更顺应时代的发展，更符合世界融合发展的趋势。

3. 医疗器械制造业融合发展现状

近年来，我国医疗器械制造业的融合发展取得了新的突破。目前，越来越多的公司在向客户提供产品的同时，也在向客户提供更深入的服务。以外科手术机器人来说，医疗器械厂商在为医疗机构提供产品的同时，也为医院搭建了一个完全数字化的手术室，并在三甲医院与县级医院之间建立合作关系，开展远程手术的教学和系统的训练。随着这一体系的不断完善，很多以前在基层医院做不了的骨科手术，都能通过现代科技的手段得到更多的资料，从而形成一个庞大的骨科手术数据库，让手术规划、手术操作、术后恢复更加科学。

但是从整体上看，国内医疗器械行业的融合发展还处在摸索阶段，很多产品领域的融合发展都比较滞后，标准体系、专业服务平台以及合作创新也都有待加强，交易的主流仍然是传统的实物交易和见货发款。观念的落后是造成医疗器械产业融合发展滞后的一个主要因素。大部分企业仍然停留在传统的生产方式上，对融合发展的趋势没有完全的理解，仍然沿用传统的发展理念，甚至是以小农户的意识来组织生产，始终无法摆脱模仿的发展模式。

现代信息技术、大数据技术、智能技术的飞速发展，以及医药行业的转型、卫生观念的日益提高，为医疗器械行业的融合发展提供了新的契机。未来的医疗器械产业融合发展将具有一个显著的特征，即分散的资源可以通过网络进行有效的整合。在新一轮科技革命的浪潮中，我国的医疗器械制造业要把握好发展的契机，进行顶层设计与战略规划，并充分运用现代信息技术与网络技术，推动产业实现快速发展。

4. 医疗器械制造业融合战略目标

我国医疗器械制造业推行融合发展战略，要落实健康中国和制造强国战略部署，聚焦临床需求和健康保障，强化医工协同，推进技术创新、产品创新和服务模式创新，提升产业基础高级化和产业链现代化水平，推动产业高质量发展，为保障人民群众生命安全和身体健康提供有力支撑。力争到2025年，初步建成适合我国医疗器械制造业融合发展的标准体系，规上企业营业收入年均复合增长率15％以上，6～8家企业进入全球医疗器械行业50强，远程医疗、移动医疗、智慧医疗、精准医疗、中医药特色医疗等新业态全面创新发展。

5. 医疗器械制造业融合发展关键路径

（1）战略布局

要实现医疗器械制造业的融合发展，必须立足于新技术革命的高度，全面分析整个行业的战略规划与布局；通过产业结构的调整，建立新型的产业体系，形成一个合理的运作机制；建设工程化平台、样机工厂、测试平台、可靠性服务平台、标准化生产线等支撑平台，建设面向全产业的集约化国际技术支持中心；探索协同创新，建立成果分享、利益分配、模式化合同、诚信档案管理机制。

（2）技术先行

转变"等同采用"的发展模式，构建与产业发展相适应、面向新技术变革与融合发展的标准体系；构建相应的知识库、大数据仓库，加快发展智能医疗技术与数据挖掘技术；开展基础应用研究与服务能力建设，包括质量测试、可靠性设计、计算机仿真、智能设计与制造等；搭建产业资源、创新资源、医疗资源、技术发展、知识产权、竞争信息的相关数据库。

（四）服装业融合发展战略

1. 服装业融合发展背景

服装行业的覆盖面很广，与人民的生活息息相关，对融合的需求尤为迫切，这主要体现在以下五个方面：其一，消费者对服装的需求是多种多样的，因年龄、身材、季节、天气、环境的不同而不同；其二，随着网络的发展，消费者对服装的需求呈现出快速、及时、互动的特点，明星人物的服装影响力也在快速扩散；其三，服装生产工艺趋向于小批量、个性化、智能化，进一步激发了消费者对服装个性化的潜在需求；其四，物流配送单件成本逐步降低，为单件制造与配送提供了良好条件；其五，服装面料多样化，纳米面料、远红外面料、大豆蛋白纤维等新型面料层出不穷。

由于互联网、大数据、物联网、云计算、人工智能等新一代信息技术与服装制造技术的深度融合，为服装行业的融合发展创造了先决条件。

第一，个性化和差别化的需求是客户化服务的动力。现代信息技术的发展促进了人们对服装生产的个性化、差异化、体验化、互动性和创造性的需求，促使服装生产向小批量、零库存和快速时尚化的方向发展。

第二，个性化定制的基本要求是数字化、智能化的装备。在服装的生产与定制中，为了更好地满足顾客对服装款式的要求，已经开始使用更多的数字化和智能化生产设备，提高了生产效率，并实现了灵活的生产和批量定制。

第三，互联网是定制服务的平台。服装业要充分利用网络技术优化和生产要素整合，搭建信息交流、交易和全程参与的服务平台，为消费者提供信息沟通、交易和全程参与的服务。

第四，智能设计是服装定制必要技术。基于互联网的个性化服务平台，服装企业将产品选配、三维扫描与建模、大数据分析、移动终端订货等技术运用于服装设计、需求采购、需求生产和按需交货等环节，实现了定制化生产模式。

面对全球经济一体化、新型贸易保护主义、周边发展中国家劳动力成本优势、产业利润空间逐渐缩小、消费需求多样化、环保压力加大等问题，我国的服装产业必须加快结构调整，深化产业链上下游协同创新，构建现代产业体系，在全球经济分工中重新定位，积极参与国际经济合作，实现服装行业的融合发展。

2. 服装行业融合发展现状

服装行业由原来传统的生产性制造向融合发展转型过程中，仍存在诸多困难，主要有：一是绝大多数企业仍以面向库存的生产为主，库存居高不下；二是消费者需求把握不准，订货盲目性大；三是供应链衔接松散，生产周期偏长；四是顾客关系管理主动性差，顾客黏性低；五是仍以粗放式生产运营为主，缺少国际高端品牌。

总体来说，我国规模以上服装企业在融合发展中所占比重较小，生产方式发展不平衡。目前，我国的服装生产仍然是以大规模、标准化的生产模式为主，多品种、少批量、柔性生产、大规模定制生产的比重较小。服装产业整体融合程度较低，主要集中在量体定制、供应链优化和网络众筹等方面，较少有深度、大规模的融合发展。

3. 服装行业融合发展基本模式

（1）满足消费者个性需求的量体定制服务模式

高档订制服装通常采用优质材料，由专业设计师精心设计、单件加工、价格昂贵。大规模的服装订制在流水线上实现了大规模的个性化生产和大众化的消费，整个生产、经营、服务全过程都是数据驱动的，能够面向世界各地的客户，并能为全世界的客户提供 DIY 产品。客户可以简单地在平台上填写自己的要求，就可以完成后续设计。近年来，雅戈尔集团、七匹狼、红领集团等服装企业已对云数据和云定制模式进行了有益的探索，已经实现了西服的大规模定制。例如，红领集团面向终端消费者开通了线上定制平台，消费者可直接在网上下单，自主选择设计元素，输入自己的量体数据，便可实现个性化定制。依靠互联网个性化定制平台，红领集团可以快速收集顾客分散的个性化需求数据，消除传统中间流通环节导致的信息不对称和代理成本，能迅速响应顾客需求变动和提高产品质量，极大降低了交易成本。

同时，"打版"是传统服装订制中最具挑战性的工作。手工打版不仅效率低而且费用高。红领集团自主研发出了一套智能化的量体系统，打破了传统的测量方法，开发了一台微型的激光装置，实现了对人体的三维数据的准确采集。在 5 秒之内，激光装置可以对 19 个位置进行全面的扫描，为实现服装的个性化和工业化生产奠定了坚实的基础。在过去 10 年中，红领已经为 200 多万客户提供了个性化的设计资料。红领集团的个性化定制平台包含了几乎所有的时尚设计元素，可以满足上百万种不同的设计方案，覆盖 99.9％的个性化需求。客户可以根据平台所提供的各种款式、工艺、尺寸模板，进行自由的搭配，实现个性化的定制。智能系统可以根据客户提供的数据，自动将尺寸、规格、衣片、排料图、生产工艺指导、订单等标准化信息进行比对，并将个体化的信息转化为标准化的数据，并将其传送至生产部门进行生产。红领集团创新设计了包括 20 多个以数据为基础的标准化生产流水线，全部以数据驱动。通过 CAD 部门的数据处理，客户的订单信息被传送至面料预备部门，裁布机根据订单的需要，自动对面料进行裁剪，并在裁剪后的面料上贴上 RFID 电子标签。工人按照射频的电子标签，进行手工或半机械的缝纫。个人化定制系统也可以根据每位员工的技术水平和熟练程度来选择合适的订单。从订单到制作，每一件衣服仅用七天，两个星期内就可以送到客户手上。服装生产周期愈短，生产效率愈高，车间成本愈低。

（2）面向市场的弹性快速供应服务模式

面对碎片化、个性化、动态化的市场要求，服装公司通过整合资源，提供"售前服务、研发设计、产品制造、售后服务、个性化服务"的弹性快速供应一条龙服务，站在顾客角度为其提供全程化服务，使客户价值最大化。例如，百丽集团在 2004 年投资了 1681 家零售店，均置于百丽国际旗下，随后内地又新增 1440 多家零售店。基于这样一个庞大的销售网络，百丽集团在多个领域实施多品牌策略，先后推出了天美意、思加图、他她、妙丽等多个品牌，并获得 Bata、ELLE、BCBG、Mephisto、Geox、Clarks 等国际知名品牌的授权。为了达到多个品牌的销售，降低存货和滞销，百丽集团采取了以消费者为导向的多品种、小批量生产的经营模式，在产品设计、生产、配送、终端渠道等方面采取有统有分、灵活有序的战略。在集团内部，各品牌的设计队伍自行设计，订单则由各个地区的销售网络来决定，分布在不同地区的制鞋企业，充分发挥当地的优势和廉价的劳动力。通过集中式的仓储物流，最大化地利用资源，节约运输成本，最后包装到零售终端，形成多个品牌的带动与协同作用。这种独特的反馈与补单机制，能够快速适应市场变化。这些流程形成了一个强有力的整合供应链，在产品设计、采购、生产、配送等各个环节上都能很好地适应市场的变化。

（3）基于互联网的服装设计服务模式

服装企业通过网络实现即时方便的电子商务、多样化的金融融资服务，并通过客户参与产品设计、企业运营与协作等方式，以灵活的组织方式，构建了服装产业链的一体化与协同。例如，泉州海天材料技术有限公司是集产品设计、材料研发、面料织造、染整印花、面料复合及服装加工的高新技术企业。针对服饰的个性化与差异化，公司开始尝试整合整个产业链，将产品设计、快速打样、染整印花、织造等技术融合于一体，并将服务对象从内部供应链扩展到全产业链，以提升企业的价值增值能力。同时，公司以产品研发、打样、生产管理为核心，整合设备制造商、染化料助剂商、原材料供应商，建立起一个产业协同平台，并利用自身在印染工艺的历史数据及相关经验，实现大数据分析，为集团内部企业的生产管理提供有力的支撑。其他中小型印染企业还可以通过合作平台进行新品开发、快速打样、制定标准、检验检测等服务，从而极大地减少了产品的研发、开发和制造费用。海天时尚梦工厂为解决服装设计师在资源、资金、设计作品、设计版权等诸多方面所遇到的问题，建立了一个设计师创新创业服务平台。该平台从电子商务、社交媒体系统中获取零散的产品需求数据，运用大数据挖掘技术，为服装设计人员的设计和开发提供决策依据；搭建了知识资料库和设计模型工作室，分别提供丰富的设计素材和实现产业链的协同设计；搭建了设计效果评估、消费者票选、设计成果选货等子平台。

4. 服装行业融合发展相关技术

（1）信息网络技术

服装产业的融合发展要借助互联网，搭建客户交流平台，并对客户进行需求分析、品质回馈，实现交互式设计和网络化营销。服装企业可以在服装电子标签、制造车间、单件制造机器人等方面运用物联网技术，实现服装制造与流通的透明化，为改进制造工艺、共享制造数据、客户查询等创造了有利的条件。

服装企业能够对企业的 ERP 系统、CRM 系统、POS 系统等系统数据，以及实体店交易、电子商务交易、国际贸易数据、服装评价数据等进行数据采集，并将人体模型、地域特征、文化需求、流行趋势、服装款式等信息整合为大数据资源，形成流行趋势动态分析报告、网络舆情报告、服装销售分析报告等，为企业个性化服务提供决策依据。同时，服装行业也要运用云计算技术进行数据备份、查询、分析、挖掘，从而降低企业硬件设施及软件投入成本，加速大数据的应用。

（2）服务平台条件

服装产业的融合发展需要建立需求、设计、采购、生产、销售等多个服务平台，通过大数据分析技术，对客户需求及人体模型数据进行深度挖掘，逐渐取代传统的人工预测模式；运用服装版型与3D人体测量技术，使基于网络的交互风格设计逐步成为主流，并积累设计数据形成正向反馈循环；应用快速变形及智能单件制造、智能制造机器人和传感器技术，以真正实现个性化定制生产；利用互联网（移动互联网）、物联网及地理信息系统，整合供应链和销售网络，构建服装行业供应链管理和销售网络协同的物流分销与零售服务平台。

第五章　对策与建议

（一）全面深化改革，健全产业融合发展体制机制

　　要实现先进制造业和现代服务业的融合发展，必须进一步深化相关领域的改革，营造完善的体制环境。一是加强对外经贸关系的改革。继续深化经济体制改革，以更加开放、包容的思想，积极推进有关领域特别是现代服务业的开放，除了涉及国家主权、国家安全、国家核心利益、重大经济利益等因素外，原则上均可以与相关国家在"平等互利、互通有无、共同发展"原则下，推进自由贸易协定谈判和双边投资协定。二是要进一步推进国有企业的改革。加快完善我国的现代企业制度，建立健全公司的法人治理结构，推进国有企业主副分离。三是加大对垄断产业的改革力度。以"互联网＋"为基础的先进制造业和现代服务业的发展，必然会受到自然垄断行业、公益事业、公共服务等方面的影响，因此必须加快自然垄断行业、法定垄断和行政性垄断的服务业改革。四是深化房地产改革。从根本上扭转和抑制房地产的过度投机给实体经济带来的影响，强化宏观调控和货币供给，对房地产市场进行整顿和规范，以确保房地产的健康、可持续发展。六是深化社会保障体制改革。先进制造业与现代服务业融合涉及到经济结构和产业结构的重大调整过程，为最大程度减少结构变动和技术进步对社会的影响，必须加快完善社会失业保障、基本医疗保障、人员流动保障和基本住房保障，构建能够托底的社会安全保障网，真正解除企业员工、创业人员的后顾之忧。

　　深化政府职能转变，建立完善的市场准入机制，促进先进制造业和现代服务业的深度融合。一是规范化各种认证和收费，减轻企业的实际负担。加快服务型政府的建设，坚持"能免则免、能减则减"的原则，对涉及中小企

业的收费进行清理整顿，特别是中介服务收费、垄断服务收费等。二是推动各种行业，特别是现代服务业的准入政策和管理的公开化、公平化、程序化和规范化。进一步放宽市场准入，降低对微观经济不必要的直接干涉，减少审批事项，优化审批程序，规范审批行为。进一步改革前置性审批制度，清除现实中或明或暗、或直接或间接的市场准入壁垒。加快制定和完善产业准入相关政策，尽快出台并优化市场准入。三是继续推进商事制度改革，破除各种显性隐性进入壁垒，打破市场分割和地方保护。推进统一开放、竞争有序的服务市场体系建设，打破地域分割、行业垄断和市场壁垒，营造权利平等、机会平等、规则平等的发展环境。

（二）发挥市场作用，加快生产要素自由高效流动

先进制造业与现代服务业的融合发展，涉及到不同产业发展，产业间的联系、分工与合作，以及新产业、新企业的发展。因此，必须进一步完善市场机制，充分发挥市场在促进先进制造业与现代服务业融合发展过程中的决定性作用。一是要确保各种市场主体的合法权益。要对国有、民营、外资、大型、微型企业一视同仁，消除政策歧视、规模歧视、所有制歧视，鼓励多层次和高水平的先进制造业与现代服务业融合发展。二是要尽快形成以供求为基础、反映市场稀缺程度、资源环境代价为基础的价格形成与竞争机制，最大限度地消除市场中的不对称性，使制造业与服务业之间形成一个合理的比价关系。三是要尽快建立全国统一开放、竞争有序的市场体系，消除区域、行业和产业壁垒，对阻碍统一开放、公平竞争的部门、地区规章进行清理和废除，推动各行业间、地区间的生产要素自由流通，为先进制造业和现代服务业的融合发展创造有利条件。

（三）加强资金保障，完善落实财税金融支持政策

先进制造业和现代服务业的融合发展需要以市场机制为前提，但在融合起步阶段，离不开财政税收与金融等大力支持，需要积极探索和研究促进先

进制造业和现代服务业融合发展的财税金融支持政策。一是税收结构的优化。税收激励政策是推动先进制造和现代服务业融合发展最直接的方式，对符合国家支持的先进制造业和现代服务业发展的产业，应当在加计扣除、技术转让所得税、服务业增值税等方面给予优惠，促进企业更积极主动地融合发展，以进一步提高生产效率，减少生产成本。二是探索设立推进先进制造业与现代服务业融合发展的中央财政专项资金，充分发挥中央财政资金在促进两者融合发展过程中的引领、促进和支持作用。三是进一步发挥政府在商品采购和购买服务方面对先进制造业与现代服务业融合发展的促进作用，通过完善政府商品招标和购买服务方面的制度与政策，降低企业准入门槛，减少企业投标成本，促进企业先进制造业与现代服务业融合发展。四是要加快完善现代金融体系，形成一个多层次、多主体、多类型、多业态、多产品的金融市场，实现对先进制造业与现代服务业融合的强有力支撑。加强科技金融、中小金融、小微金融、乡镇金融、农村金融、国际金融等领域的发展，提高金融服务自身的发展水平，从而提高金融服务实体经济的能力，促进先进制造业和金融服务业的融合发展。

（四）强化创新驱动，持续优化创新创业生态环境

要推动先进制造业和现代服务业的融合发展，必须通过科技创新来推动。一是鼓励企业参与国际合作，充分利用国际合作环境，积极参与国际技术交流；鼓励企业通过科技合作、技术转让、技术并购、资源共享利用、参与国际标准制定、在国外设立研究中心等多种途径，扩大在全球的影响力和话语权；把握世界科技发展趋势，搭建多层次国际科技合作平台，积极融入全球创新网络；鼓励地方、园区、企业创新合作方式，推动国际交流合作。二是要建设金融支持平台，充分利用各类创投基金，为企业的融合和创新发展提供资金支持，推动科技成果和新兴产业的培育，进一步提升创业投资的效率。三是为科技创新提供土地政策支持。土地政策的发展可能滞后于先进制造业与现代服务业融合发展产生的新业态发展，因此，需要通过对土地政策进行定期的评估和优化，完善土地供应调节机制，并结合先进制造业和现代服务

业融合发展的特点，有针对性地制定土地政策，合理确定用地供给，优先安排利于融合发展、产生协同创新的项目用地。

（五）推动人才引培，搭建多层次创新型人才体系

先进制造业和现代服务业的融合发展离不开人才支撑，尤其是创新型人才支撑。一是要强化高校高层次人才队伍建设，建立完善多层次的创新人才培养机制。支持校企合作开展个性化人才培养，鼓励企业加大员工培训力度，特别是加大融合发展的新业态人才培养力度。二是要优化专业建设，构建符合先进制造业和现代服务业融合发展的教育体系。强化产业和教育的协调，构建合理的人才供需平衡机制，确保工程类人才、管理类人才、复合型人才、新工科人才的需求。三是要深化学科教育体制改革，尽快建成适合先进制造业和现代服务业融合发展的院校教育、毕业后教育和继续教育三个阶段的有机衔接，建立与先进制造业与现代服务业融合发展相协调的教育模式、课程设计、师资力量，增加实践环节的比重。

（六）加快标准建设，建立健全实施配套监督制度

先进制造业和现代服务业的融合发展需要加快标准建设，建立健全统计监控系统，合理度量先进制造业与现代服务业融合发展状况。一是要对统计调查的方法和指标进行深入的研究和改进，特别是要科学地确定先进制造业和现代服务业的融合标准和指标，使之真正体现出高质量、高效益。二是要尽快建立现代化的标准化体系，以适应先进制造业和现代服务业的需求。推动先进制造业与现代服务业融合标准的前瞻性研究与布局，鼓励相关行业团体、标准化组织、第三方检验检测机构等为先进制造业与现代服务业融合重点领域和新兴业态制定相关技术标准、流程和服务规范。三是要转变与之相适应的增加值核算方法、基础数据采集方法，并加强统计工作的组织和执行。四是要完善监管制度，及时、准确地反映当前形势和发展趋势，建立与主管部门、统计部门、行业协会等部门之间的信息交流机制，做好融合发展的信

息发布及预测预警。

（七）完善监管体系，全力营造规范有序市场环境

先进制造业和现代服务业的融合发展将会给传统的监管模式带来新的挑战，因此，必须建立一套适合于两业融合的监管制度、监管方式和监管体制。一是要建立完善的监督管理制度。监管要涵盖各个行业、各种业态、各个领域，不仅包括产品质量、资源利用、环境保护、信用保障、信息安全等各个领域，还要涉及各个产业。建立多层次的监管体系，加强中央与地方政府间的分层监督，并针对不同的行业特点进行重点管理。在监督管理部门的运作中，要加强与其他部门的沟通和协调，对现有的冗余机构，要及时进行整合，以防止在监督过程中出现交叉重叠、相互推诿。二是要建立公平透明的监管制度。彻底改变和消除监管机构与利益主体之间的利益输送、利益捆绑，制定透明、公正的监管制度。三是监督手段的创新。新技术、新产品、新服务、新产业、新业态、新商业模式的涌现，使传统产业的界限越来越模糊，更多地从线下向线上转移，这就需要对先进制造业和现代服务业融合发展的监管更加有别于对传统产业、传统商业模式的监管，须综合运用互联网、物联网、大数据、云计算等现代信息网络技术，不断创新监管手段、提升监管能力。

（八）开展试点示范，积极宣传推广典型成果经验

积极推动先进制造业和现代服务业融合发展的成功经验，激发融合发展的持续内在动力。一是要倡导质量变革、效率变革和动力变革，在全社会形成"质量就是生命、质量就是效益、用质量去竞争、用户至上"的思想，倡导"重视品质、追求卓越"的工匠精神，在智能制造、绿色制造、服务型制造等新型制造模式领域筛选出典型优秀企业。二是表彰高校、科研院所等在推动先进制造业与现代服务业融合发展进程中做出的杰出贡献，促进更多高校、科研院所参与到产学研合作中来。三是选择具有较强融合发展优势的产业集群进行总结与推广。

参考文献

[1]原毅军.产业发展理论及应用［M］.大连：大连理工大学出版社，2012.

[2] Niles Hansen. Do Producer Services Induce Regional Economic Development? ［J］. Journal of Regional Science，1990（4）.

[3]曹建海，孙亚红.产业融合与深度工业化［M］.北京：经济管理出版社，2020.

[4]江静，丁春林.制造业和服务业深度融合：长三角高质量一体化的战略新选择［J］.南通大学学报（社会科学版），2021（4）.

[5]罗青兰.广东省先进制造业与现代服务业互动融合关系研究——基于投入产出表的分析［J］.广东经济，2016（9）.